Das Erste Irische Lesebuch für Anfänger Gaeilge

Orla McKenna

Das Erste Irische Lesebuch für Anfänger

Gaeilge

Zweisprachig mit Irisch-deutscher Übersetzung

Sprachniveau A1 A2

LANGUAGE
PRACTICE
PUBLISHING

Das Erste Irische Lesebuch für Anfänger Gaeilge

von Orla McKenna

Umschlaggestaltung: Audiolego Design

Inhaltsverzeichnis

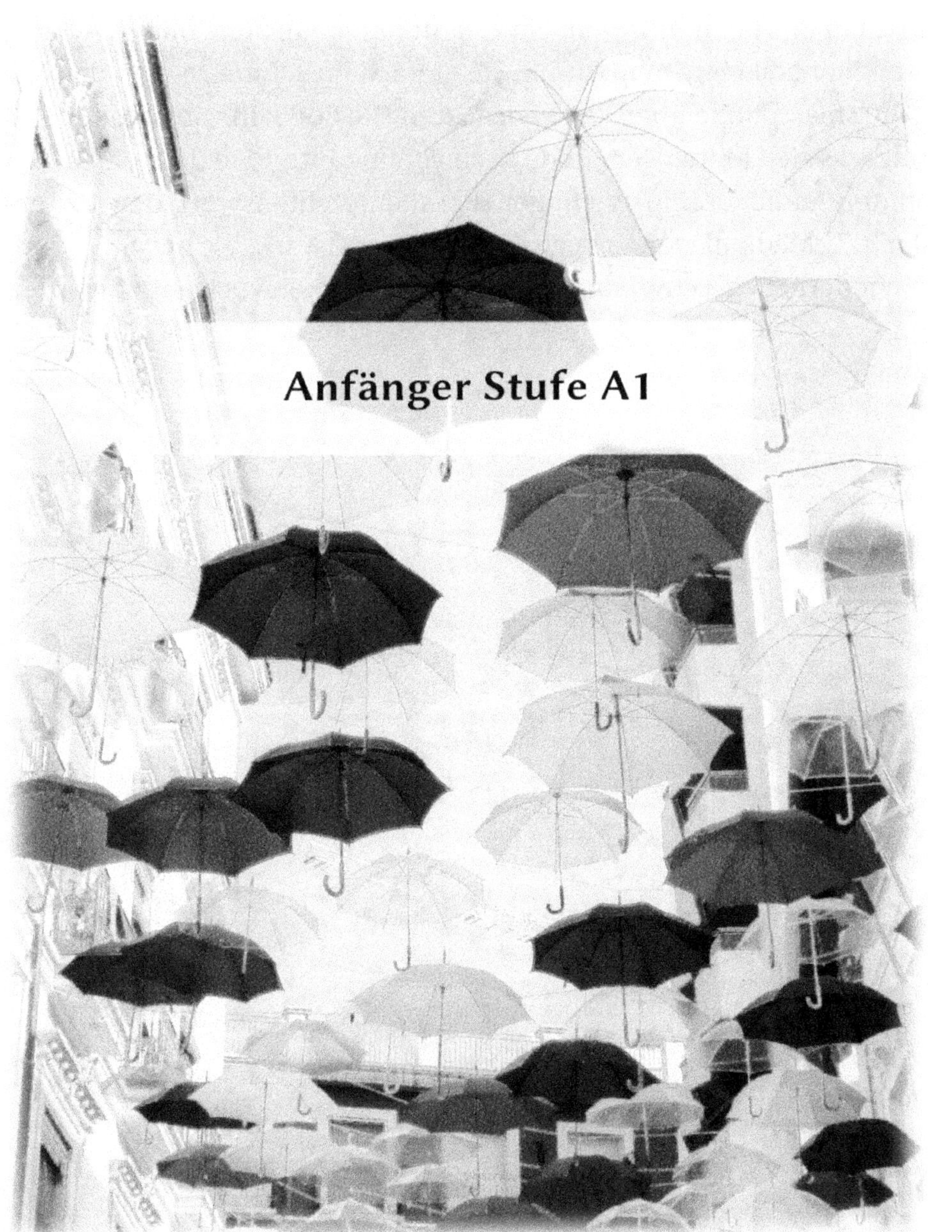
Anfänger Stufe A1

Wiedergabegeschwindigkeit der Audiodateien

Das Buch ist mit den Audiodateien ausgestattet. Mithilfe von QR-Codes kann man im Handumdrehen eine Audiodatei aufrufen, ohne Webadressen manuell eingeben. Öffnen Sie einfach ihre Kamera-App und halten ihr Smartphone über den gedruckten QR-Code. Ihr Smartphone erkennt was sich hinter dem Code verbirgt und bittet Sie dem eingescannten Audiodateilink zu folgen. Es ist empfehlenswert, den kostenlosen VLC-Mediaplayer zu verwenden, die Software, die zur Steuerung der Wiedergabegeschwindigkeit der Audiodateien verwendet werden kann.

1

Tá madra ag Robert

Robert hat einen Hund

A

Focail
Vokabeln

1. a - sein, seine
2. ag, aige', aici - haben
3. agus - und
4. aon - ein
5. beag - klein
6. boird - Tische
7. bord - Tisch
8. cat - Katze
9. ceathar - vier
10. chomh maith - auch
11. dalta - Student
12. daltaí - Studenten
13. deas - nett
14. dubh - schwarz
15. é seo - dieser
16. focail - Wörter
17. focal - Wort
18. fuinneog - Fenster

19. fuinneoga – Fenster (Pl)

20. glas - grün

21. go leor, scata, an-chuid -
viele, viel

22. gorm - blau

23. iad seo, iad siúd - diese,
jene

24. leaba - Bett

25. leabhair nótaí - Notizbü-
cher

26. leabhar - Buch

27. leabhar nótaí - Notizbuch

28. leapacha - Betten

29. madra - Hund

30. mo - mein

31. mór - groß

32. ní - nicht

33. nua - neu

34. óstáin - Hotels

35. óstán - Hotel

36. páirc - Park, Feld

37. páirceanna - Parks, Felder

38. peann - Stift

39. pinn - Stifte

40. réalt - Stern

41. rothar - Fahrrad

42. sé - er

43. seomra - Zimmer

44. seomraí - Zimmer (pl)

45. siad - sie

46. sin - das

47. siopa - Laden

48. siopaí - Läden

49. sráid - Straße

50. sráideanna - Straßen

51. srón - Nase

52. súil - Auge

53. súile - Augen

54. taibhreamh - Traum

55. táim - ich bin

56. téacs - Text

B

1.Tá leabhar ag an dalta seo.

2.Tá peann aige chomh maith.

3.Tá go leor sráideanna agus
páirceanna i San Francisco. 4.Tá
óstáin agus siopaí nua sa sráid

1.Dieser Student hat ein
Buch. 2.Er hat auch einen Stift.

3.San Francisco hat viele
Straßen und Parks. 4.Diese
Straße hat neue Hotels und Lä-
den. 5.Dieses Hotel hat vier

seo. 5.Tá ceithre réalt ag an n-óstán seo. 6.Tá go leor seomraí deas mór ag an n-óstán seo.

7.Tá go leor fuinneoga ag an seomra sin. 8.Agus níl morán fuinneoga ag na seomraí seo. 9.Tá ceithre leapacha sna seomraí seo. 10. Agus tá leaba amháin ag na seomraí seo. 11.Nil morán boird ag an seomra sin. 12.Agus tá go leor boird móra sna seomraí sin.

13.Nil aon óstáin ar an sráid seo. 14.Tá go leor fuinneoga sa siopa mór sin.

15.Tá leabhair nótaí ag na daltaí seo. 16.Tá pinn acu chomh maith. 17.Tá leabhar nótaí beag dubh amháin ag Robert. 18.Tá ceithre leabhair nótaí glas nua ag Paul.

Sterne. 6.Dieses Hotel hat viele schöne, große Zimmer.

7.Jenes Zimmer hat viele Fenster. 8.Und diese Zimmer haben nicht viele Fenster. 9.Diese Zimmer haben vier Betten. 10.Und diese Zimmer haben ein Bett. 11.Jenes Zimmer hat nicht viele Tische. 12.Und diese Zimmer haben viele große Tische.

13.In dieser Straße sind keine Hotels. 14.Dieser große Laden hat viele Fenster.

15.Diese Studenten haben Notizbücher. 16.Sie haben auch Stifte. 17.Robert hat ein kleines schwarzes Notizbuch. 18.Paul hat vier neue grüne Notizbücher.

19.Tá rothar ag an ndalta seo. 20.Tá rothar nua gorm aige. 21.Tá rothar ag David chomh maith. 22.Tá rothar deas dubh aige.

23.Tá taibhreamh ag Paul. 24.Tá taibhreamh agam chomh maith. 25.Nil madra agam. 26.Tá cat agam. 27.Tá súile deas glas ag mo chat. 28.Nil cat ag Robert. 29.Tá madra aige. 30.Tá srón beag dubh ag a mhadra.

19.Dieser Student hat ein Fahrrad. 20.Er hat ein neues blaues Fahrrad. 21.David hat auch ein Fahrrad. 22.Er hat ein schönes schwarzes Fahrrad.

23.Paul hat einen Traum. 24.Ich habe auch einen Traum. 25.Ich habe keinen Hund. 26.Ich habe eine Katze. 27.Meine Katze hat schöne grüne Augen. 28.Robert hat keine Katze. 29.Er hat einen Hund. 30.Sein Hund hat eine kleine schwarze Nase.

Words

Text

2

Maireann siad i San Francisco (SAM)

Sie wohnen in San Francisco (USA)

A

Focail

Vokabeln

1. anois - jetzt
2. cathair - Stadt
3. Ceanada - Kanada
4. Ceanadach - Kanadier
5. ceannaigh - kaufen
6. ceapaire - Sandwich
7. deartháir - Bruder
8. deirfiúr - Schwester
9. dó - zwei
10. Gearmánach - Deutsch
11. i - in
12. mair - wohnen
13. máthair - Mutter
14. Meiriceánach - Amerikaner
15. mór - groß
16. ó - von
17. ocras - hungrig

18. ollmhargadh - Super-
markt
19. SAM - Vereinigte Staaten
von Amerika

20. sí - sie (sng)
21. sinne - wir
22. tusa - Sie

B

1.Cathair mhór is ea San Francisco. 2.Tá San Francisco i SAM.

3.Is é seo Robert. 4.Dalta is ea Robert. 5.Tá sé i San Francisco anois. 6.Tá Robert ón nGearmáin. 7.Gearmánach is ea é. 8.Tá máthair, athair, deartháir, agus deirfiúr ag Robert. 9.Maireann siad sa Ghearmáin.

10.Is e seo Paul. 11.Dalta is ea Paul chomh maith. 12.Tá sé ó Cheanada. 13.Ceanadach is ea é. 14.Tá deartháir, athair, agus beirt deirfiúr ag Paul. 15.Maireann siad i gCeanada.

1.San Francisco ist eine große Stadt. 2.San Francisco ist in den USA.

3.Das ist Robert. 4.Robert ist Student. 5.Er ist zurzeit in San Francisco. 6.Robert kommt aus Deutschland. 7.Er ist Deutscher. 8.Robert hat eine Mutter, einen Vater, einen Bruder und eine Schwester. 9.Sie leben in Deutschland.

10.Das ist Paul. 11.Paul ist auch Student. 12.Er kommt aus Kanada. 13.Er ist Kanadier. 14.Paul hat eine Mutter, einen Vater und zwei Schwestern. 15.Sie leben in Kanada.

16.Tá Robert agus Paul in ollmhargadh anois. 17.Tá ocras orthu. 18.Ceanaíonn siad ceapairí.

19.Is é seo Linda. 20.Meirceánach is ea Linda. 21.Maireann Linda i San Francisco. 22.Ní dalta í.

23.Dalta is ea mé. 24.Táim ón nGearmáin. 25.Táim i San Francisco anois. 26.Níl ocras orm.

27.Dalta is ea tusa. 28.Gearmánach is ea tusa. 29.Níl tú sa Ghearmáin anois. 30.Tá tú i SAM.

31.Daltaí is ea sinne. 32.Táimid i SAM anois.

16.Robert und Paul sind gerade im Supermarkt. 17.Sie haben Hunger. 18.Sie kaufen Sandwiches.

19.Das ist Linda. 20.Linda ist Amerikanerin. 21.Linda wohnt auch in San Francisco. 22.Sie ist kein Student.

23.Ich bin Student. 24.Ich komme aus Deutschland. 25.Ich bin zurzeit in San Francisco. 26.Ich habe keinen Hunger.

27.Du bist Student. 28.Du bist Deutsche. 29.Du bist zurzeit nicht in Deutschland. 30.Du bist in den USA.

31.Wir sind Studenten. 32.Wir sind zurzeit in den USA.

33.Rothar is ea é seo. 34.Tá an rothar gorm. 35.Ní rothar nua é.

36.Madra is ea é seo. 37.Tá an madra seo dubh. 38.Níl an madra mór.

39.Seo siopaí. 40.Níl na siopaí mór. 41.Tá siad beag. 42.Tá go leor fuinneoga ag an siopa sin. 43.Nil morán fuinneoga ag na siopaí sin.

44.Tá an cat sin isteach sa sheomra. 45.Nil na cait sin isteach sa sheomra.

Words

33.Dies ist ein Fahrrad. 34.Das Fahrrad ist blau. 35.Das Fahrrad ist nicht neu.

36.Dies ist ein Hund. 37.Der Hund ist schwarz. 38.Der Hund ist nicht groß.

39.Dies sind Läden. 40.Die Läden sind nicht groß. 41.Sie sind klein. 42.Dieser Laden hat viele Fenster. 43.Jene Läden haben nicht viele Fenster.

44.Die Katze ist im Zimmer. 45.Diese Katzen sind nicht im Zimmer.

Text

3

An nGearmánaigh iad?

Sind sie Deutsche?

 **A**

Focail

Vokabeln

1. a - ihr; a leabhar - ihr Buch
2. ag - bei, in
3. ainmhí - Tier
4. ar - an, auf
5. ár - unser
6. bean - Frau
7. buachaill - Junge
8. cá - wo
9. caife - Cafe
10. conas - wie
11. é/í - es
12. fear - Mann
13. go léir - alle
14. mapa - Karte
15. níl - nein
16. sea - ja
17. seinnteoir dlúthdhioscaí - CD-Player
18. Spáinnish - Spanisch
19. teach - Haus
20. tusa - Sie

B

1

- Buachaill is ea mé. Táim sa sheomra.

- An Meiriceánach tú?

- Ní hea. Gearmánach is ea mé.

- An ndalta tusa?

- Sea. Dalta is ea mé.

2

- Seo í bean. Tá an bhean sa sheomra chomh maith.

- An nGearmánach í?

- Ní hea. Meirceánach is ea í.

- An ndalta í?

- Ní hea. Ni dalta í.

- Seo é fear. Tá sé ag an mbórd.

- An Meiriceánach é?

- Sea. Meiriceánach is ea é.

3

- Seo iad daltaí. Tá siad sa pháirc.

- An Meiriceánaigh iad go léir?

- Ní hea. Tá siad ón nGearmáin, SAM, agus Ceanada.

4

- Seo é bord. Tá sé mór.

- An bhfuil sé nua?

- Sea, tá sé. Tá sé nua.

1

- Ich bin ein Junge. Ich bin im Zimmer.

- Bist du Amerikaner?

- Nein. Ich bin Deutscher.

- Bist du Student?

- Ja. Ich bin Student.

2

- Das ist eine Frau. Die Frau ist auch im Zimmer.

- Ist sie Deutsche?

- Nein. Sie ist Amerikanerin.

- Ist sie Studentin?

- Nein. Sie ist nicht Studentin.

- Das ist ein Mann. Er sitzt am Tisch.

- Ist er Amerikaner?

- Ja. Er ist Amerikaner.

3

- Das sind Studenten. Sie sind im Park.

- Sind sie alle Amerikaner?

- Nein. Sie kommen aus Deutschland, den USA und Kanada.

4

- Das ist ein Tisch. Er ist groß.

- Ist er neu?

- Ja. Er ist neu.

5

- Seo é cat. Tá sé sa sheomra.

- An bhfuil sé dubh?

- Sea, tá sé. Tá sé dubh agus
deas.

6

- Is iad seo na rothair. Tá siad ag
an dteach.

- An bhfuil siad dubh?

- Sea, tá siad. Tá siad dubh.

7

- An bhfuil leabhar nótaí agat?

- Sea, tá.

- Cé méid leabhair nótaí atá
agat?

- Tá dhá leabhar nótaí agam.

8

- An bhfuil peann aige?

- Sea, tá.

- Cé méid pinn atá aige?

- Tá peann amháin aige.

9

- An bhfuil rothar aici?

- Sea, tá.

- An bhfuil a rothar gorm?

- Níl sé. Níl a rothar gorm. Tá sé
glas.

10

- An bhfuil leabhar Spáinnish
agat?

5

- Das ist eine Katze. Sie ist im Zim-
mer.

- Ist sie schwarz?

- Ja, das ist sie. Sie ist schwarz und
schön.

6

- Das sind Fahrräder. Sie stehen
beim Haus.

- Sind sie schwarz?

- Ja. Sie sind schwarz.

7

- Hast du ein Notizbuch?

- Ja.

- Wie viele Notizbücher hast du?

- Ich habe zwei Notizbücher.

8

- Hat er einen Stift?

- Ja.

- Wie viele Stifte hat er?

- Er hat einen Stift.

9

- Hat sie ein Fahrrad?

- Ja.

- Ist ihr Fahrrad blau?

- Nein. Ihr Fahrrad ist nicht blau.
Es ist grün.

10

- Hast du ein spanisches Buch?

- Níl. Níl leabhar Spáinnish
agam. Nil aon leabhair agam.

11

- An bhfuil cat aici?

- Nil. Nil aon chat aici. Nil aon
ainmhí aici.

12

- An bhfuil seinnteoir dlúthdhi-
oscaí agat?

- Níl, níl in aon chor. Nil seinnte-
oir dlúthdhioscaí agam.

13

- Cá bhfuil ár mapa?

- Tá ár mapa sa sheomra.

- An bhfuil sé ar an mbord?

- Sea, tá sé.

14

- Cá bhfuil na buachaillí?

- Tá siad sa chaife.

- Cá bhfuil na rothair?

- Tá siad ag an gcaifé.

- Cá bhfuil Paul?

- Tá sé ag an gcaifé chomh
maith.

- Nein. Ich habe kein spanisches
Buch. Ich habe keine Bücher.

11

- Hat sie eine Katze?

- Nein. Sie hat keine Katze. Sie hat
kein Tier.

12

- Habt ihr einen CD-Spieler?

- Nein. Wir haben keinen CD-Spie-
ler.

13

- Wo ist unsere Karte?

- Unsere Karte ist im Zimmer.

- Liegt sie auf dem Tisch?

- Ja.

14

- Wo sind die Jungs?

- Sie sind im Café.

- Wo sind die Fahrräder?

- Sie stehen vor dem Café.

- Wo ist Paul?

- Er ist auch im Café.

Words

Text

An bhféidir leat cabhrú, le do thoil?

Können Sie mir bitte helfen?

A

Focail
Vokabeln

1. ach - aber
2. áit - Platz
3. ba cheart, ba chóir - muss
4. banc - Bank
5. b'fhéidir - kann, fähig
6. cabhair - Hilfe
7. do - für
8. foghlaim - lernen
9. go raibh maith - danken
10. imir - spielen
11. is féidir - kann
12. labhair - sprechen
13. le do thoil - bitte
14. léigh - lesen
15. ní cheart, ní chóir - darf nicht
16. scríobh - schreiben
17. seoladh - Anschrift
18. suigh - sitzen
19. téigh - gehen
20. tóg - nehmen

B

1

- An bhféidir leat cabhair a thabhairt dom, le do thoil?

- Sea, is féidir liom.

- Ní féidir liom an seoladh a scríobh i mBéarla. An bhféidir leat é a scríobh dom?

- Sea, is féidir.

- Go raibh maith agat.

2

- An bhféidir leat leadóg a imirt?

- Ní féidir liom. Ach is féidir liom foghlaim. An bhféidir leat cabhair a thabhairt dom foghlaim?

- Sea, is féidir. Is féidir liom cabhair a thabhairt duit foghlaim conas leadóg a imirt.

- Go raibh maith agat.

3

- An bhféidir leat Béarla a labhairt?

- Is féidir liom Bearla a léamh agus a labhairt ach ní féidir liom é a scríobh.

- An bhféidir leat Gearmáinish a labhairt?

- Is feidir liom Gearmáinish a labhairt, léamh agus scríobh.

1

- Können Sie mir bitte helfen?

- Ja, das kann ich.

- Ich kann die Adresse nicht auf Englisch schreiben. Können Sie sie für mich schreiben?

- Ja, das kann ich.

- Danke.

2

- Kannst du Tennis spielen?

- Nein. Aber ich kann es lernen. Kannst du mir dabei helfen?

- Ja. Ich kann dir helfen, Tennis spielen zu lernen.

- Danke.

3

- Sprichst du Englisch?

- Ich kann Englisch sprechen und lesen, aber nicht schreiben.

- Sprichst du Deutsch?

- Ich kann Deutsch sprechen, lesen und schreiben.

- Kann Linda auch Deutsch?

- An bhféidir le Linda Gearmáinish a labhairt chomh maith?
- Ní féidir léi. Meiriceánach is ea í.
- An bhféidir leo Béarla a labhairt?
- Sea, beagán. Daltaí is ea iad agus foghlamaíonn siad Béarla. Ni féidir leis an mbuachaill seo Béarla a labhairt.

4

- Cá bhfuil siad?
- Imríonn siad leadóg anois.
- An bhféidir linn imirt chomh maith?
- Sea, is féidir linn.

5

- Cá bhfuil Robert?
- B'fhéidir go bhfuil sé ag an gcaife.

6

- Suigh ag an mbord seo, le do thoil.
- Go raibh maith agat. An bhféidir liom mo leabhair a chuir ar an mbord sin?
- Sea, is féidir leat.
- An bhféidir le Paul suí ag a bhord?
- Sea, is féidir leis.

7

- An bhféidir liom suí ag a leaba?
- Ní féidir leat.

- Nein, sie kann kein Deutsch. Sie ist Amerikanerin.
- Sprechen sie Englisch?
- Ja, ein bisschen. Sie sind Studenten und lernen Englisch. Dieser Junge spricht kein Englisch.

4

- Wo sind sie?
- Sie spielen gerade Tennis.
- Können wir auch spielen?
- Ja, das können wir.

5

- Wo ist Robert?
- Er ist vielleicht im Café.

6

- Setzen Sie sich an diesen Tisch, bitte.
- Danke. Kann ich meine Bücher auf diesen Tisch legen?
- Ja.
- Darf Paul sich an seinen Tisch setzen?
- Ja, das darf er.

7

- Darf ich mich auf ihr Bett setzen?
- Nein, das darfst du nicht.

- An bhféidir le Linda a seinnteoir
dlúthdhioscaí a thógaint?
- Ní féidir. Ní féidir léi a sheinnteoir
dlúthdhioscaí a thógaint.

8

- An bhféidir leo a mapa a thógaint?
- Ní féidir leo.

9

Níl cead agat suí ar a leaba.
Nil cead aici a sheinnteoir dlúthdhi-
oscaí a thógaint.
Níl cead acu na leabhair nótaí seo a
thógaint.

10

- Caithfidh mé dul go dtí an banc.
- An gcaithfidh tú dul anois?
- Sea, caithfidh mé.

11

- An gcaithfidh tú Gearmáinis a
fhoghlaim?
- Ni gá dom Gearmáinis a fhoghlaim.
Caithfidh mé Béarla a fhoghlaim.

12

- An gcaithfidh sí dul go dtí an banc?
- Ni gá di. Ní gá di dul go dtí an banc.
- An bhféidir liom an rothar seo a
thógaint?

- Darf Linda seinen CD-Spieler
nehmen?
- Nein. Sie darf seinen CD-Spie-
ler nicht nehmen.

8

- Dürfen sie ihre Karte neh-
men?
- Nein, das dürfen sie nicht.

9

Du darfst dich nicht auf ihr
Bett setzen.
Sie darf seinen CD-Spieler
nicht nehmen.
Sie dürfen diese Notizbücher
nicht nehmen.

10

- Ich muss zur Bank gehen.
- Musst du jetzt gehen?
- Ja.

11

- Musst du Deutsch lernen?
- Ich muss nicht Deutsch ler-
nen. Ich muss Englisch lernen.

12

- Muss sie zur Bank gehen?
- Nein, sie muss nicht zur Bank
gehen.
- Darf ich dieses Fahrrad neh-
men?

- Ní féidir leat. Ni féidir leat an rothar seo a thógaint.
- An bhféidir leat na leabhair nótaí seo a chuir ar a leaba?
- Ni féidir leat. Ni féidir leat na leabhair nótaí sin a chuir ar an leaba.

Words

- Nein, du darfst dieses Fahrrad nicht nehmen.
- Dürfen wir diese Notizbücher auf ihr Bett legen?
- Nein. Ihr dürft die Notizbücher nicht auf ihr Bett legen.

Text

5

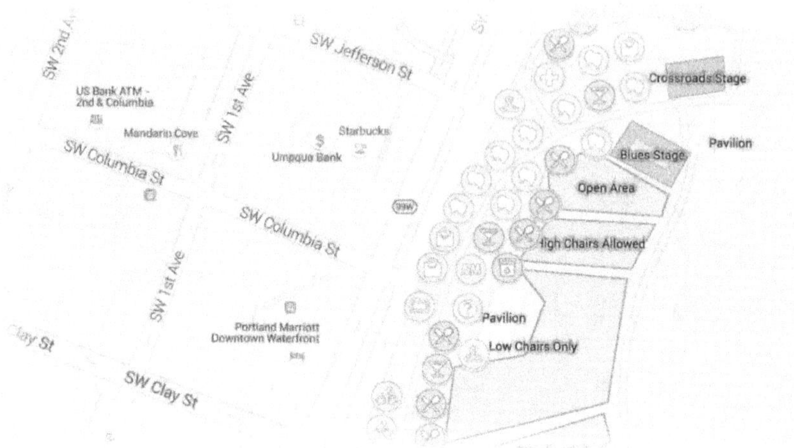

Maireann Robert i SAM anois

Robert wohnt jetzt in den USA

 **A**

Focail
Vokabeln

1. ag teastáil - brauchen, wollen
2. ansin - dort
3. bricfeasta - Frühstück
4. bricfeasta a bheith agat - frühstücken
5. cailín - Mädchen
6. cathaoir - Stuhl
7. cearnóg - Platz
8. ceol - Musik
9. cuid - etwas, einige
10. cúig - fünf
11. daoine - Menschen
12. éist - hören
13. éistim le ceol - ich höre Musik
14. feirm - Bauernhof
15. go maith - gut
16. ith - essen
17. maith, grá - gefallen, lieben
18. nuachtán - Zeitung

19. ocht - acht
20. ól - Getränk, trinken
21. sé - sechs
22. seacht - sieben

23. té - Tee
24. trí - drei
25. troscán - Möbel

B

1

Léann Linda Béarla go maith.
Léim Béarla chomh maith. Téann
na daltaí go dtí an pháirc. Téann
sí go dtí an pháirc chomh maith.

Linda liest gut Englisch. Ich lese
auch Englisch. Die Studenten ge-
hen in den Park. Sie geht auch in
den Park.

2

Mairimid i San Francisco. Maire-
ann Paul i San Francisco chomh
maith. Maireann a athair agus a
mháthair i gCeanada. Maireann
Robert i San Francisco anois.
Maireann a athair agus a
mháthair sa Ghearmáin anois.

Wir wohnen in San Francisco.
Paul wohnt jetzt auch in San
Francisco. Sein Vater und seine
Mutter leben in Kanada. Robert
wohnt jetzt in San Francisco. Sein
Vater und seine Mutter leben in
Deutschland.

3

Imríonn na daltaí leadóg. Imríonn
Paul go maith. Ní imríonn Robert
ró-mhaith.

Die Studenten spielen Tennis.
Paul spielt gut. Robert spielt
nicht gut.

4

Ólaimid té. Ólann Linda té glas.
Ólann David té dubh. Ólaim té
dubh chomh maith.

Wir trinken Tee. Linda trinkt grü-
nen Tee. David trinkt schwarzen
Tee. Ich trinke auch schwarzen
Tee.

5

Éistim le ceol. Éistíonn Sarah le ceol chomh maith. Is maith léi eisteacht le ceol maith.

6

Tá sé leabhar nótaí uaim. Tá seacht leabhar nótaí ó Dhavid. Tá ocht leabhar nótaí ó Linda.

7

Teastaíonn deoch ó Sorcha. Tá deoch uaim chomh maith. Teastaíonn ó Phaul ithe.

8

Tá nuachtán ar an mbord. Tógann Paul é agus léann sé é. Is maith leis nuachtáin a léamh.

9

Tá troscáin sa sheomra. Tá sé bhord agus sé chathaoir ann.

10

Tá triúr cailín sa sheomra. Tá siad ag ithe bricfeasta.

11

Tá Sarah ag ithe aráin agus ag ól té. Is maith léi té glas.

12

Tá leabhair ar an mbord. Nil siad nua. Tá siad crionna.

5

Ich höre Musik. Sarah hört auch Musik. Sie hört gerne gute Musik.

6

Ich brauche sechs Notizbücher. David braucht sieben Notizbücher. Linda braucht acht Notizbücher.

7

Sarah will etwas trinken. Ich will auch etwas trinken. Paul will etwas essen.

8

Dort liegt eine Zeitung auf dem Tisch. Paul nimmt sie und liest. Er liest gerne Zeitung.

9

Im Zimmer gibt es Möbel. Es gibt dort sechs Tische und sechs Stühle.

10

Es sind drei Mädchen im Zimmer. Sie frühstücken.

11

Sarah isst Brot und trinkt Tee. Sie mag grünen Tee.

12

Auf dem Tisch liegen ein paar Bücher. Sie sind nicht neu. Sie sind alt.

13

- An bhfuil banc ar an sráid seo?

- Sea, tá. Tá cúig bhanc ar an sráid seo. Nil bainc mór iad.

14

- An bhfuil daoine ag an gcearnóg?

- Sea, tá. Tá daoine ag an gcearnóg.

15

- An bhfuil rothair ag an gcaife?

- Sea, tá. Tá ceithre rothar ag an gcaife. Nil siad nua.

16

- An bhfuil óstáin ar an sráid seo?

- Níl. Nil aon óstáin ar an sráid seo.

17

- An bhfuil aon siopaí móra ar an sráid sin?

- Níl. Nil aon siopaí móra ar an sráid sin.

18

- An bhfuil aon fheirm i SAM?

- Sea, tá. Tá an-chuid feirme i SAM.

13

- Ist in dieser Straße eine Bank?

- Ja. Es gibt fünf Banken in dieser Straße. Sie sind nicht groß.

14

- Sind Menschen auf dem Platz?

- Ja. Auf dem Platz sind ein paar Menschen.

15

- Stehen Fahrräder vor dem Café?

- Ja. Es stehen vier Fahrräder vor dem Café. Sie sind nicht neu.

16

- Gibt es in dieser Straße ein Hotel?

- Nein. Es gibt keine Hotels in dieser Straße.

17

- Gibt es in dieser Straße große Läden?

- Nein. Es gibt keine großen Läden in dieser Straße.

18

- Gibt es in den USA Bauernhöfe?

- Ja. Es gibt viele Bauernhöfe in den USA.

- An bhfuil aon throscán sa
sheomra sin?
- Sea, tá. Tá ceithre bhord agus
cathaoireacha ann.

Words

- Sind Möbel in diesem Zimmer?
- Ja. Es sind dort vier Tische und
einige Stühle.

Text

6

Tá go leor cairde ag Robert

Robert hat viele Freunde

 **A**

Focail

Vokabeln

1. am saor - Freizeit
2. an-chuid oibre a bheith agat - viel Arbeit haben
3. athair - Vater
4. bí ar an eolas faoi - kennen
5. caife - Kaffee
6. cara - Freund
7. carr - Wagen
8. chomh maith - auch
9. cócaireán - Kocher
10. dlúthdhiosca - CD
11. doras - Tür
12. faoi / faoin - unter
13. glan - sauber
14. gnó - Agentur, Vermittlung
15. go leor, an-chuid, scata - viel, viele
16. isteach - hinein
17. jab - Arbeit

18. leabhair le David - Da-
vids Buch
19. riomhaire - Rechner

20. saor - frei
21. tar / imigh - kommen,
gehen

B

1

Tá go leor cairde ag Robert.
Téann cairde Robert go dtí an
gcaife. Is maith leo caife a ól.
Ólann cairde Robert go leor caife.

2

Tá carr ag athair Robert. Tá carr
an athar glan ach críonna. Ti-
ománainn athair Paul go minic.
Tá jab maith aige agus tá an-
chuid oibre aige anois.

3

Tá an-chuid dlúthdhioscaí ag Da-
vid. Tá dlúthdhioscaí David ar an
leaba. Tá seinnteoir dlúthdhioscaí
David ar an leaba chomh maith.

4

Léann Robert nuachtáin Me-
iriceánach. Ta an-chuid nuachtáin
ar an mbord i seomra Robert.

5

Tá cat agus madra ag Nancy. Tá
cat Nancy sa sheomra faoin leaba.

1

Robert hat viele Freunde.
Roberts Freunde gehen ins Café.
Sie trinken gerne Kaffee. Roberts
Freunde trinken viel Kaffee.

2

Pauls Vater hat ein Auto. Das
Auto seines Vaters ist sauber,
aber alt. Pauls Vater fährt viel
Auto. Er hat eine gute Arbeit und
im Moment viel zu tun.

3

David hat viele CDs. Davids CDs
liegen auf seinem Bett. Davids
CD-Spieler ist auch auf seinem
Bett.

4

Robert liest amerikanische Zei-
tungen. Auf dem Tisch in Roberts
Zimmer liegen viele Zeitungen.

5

Nancy hat eine Katze und einen
Hund. Nancys Katze ist im Zim-
mer unter dem Bett. Nancys
Hund ist auch im Zimmer.

Tá madra Nancy sa sheomra
chomh maith.

6

Tá fear sa charr seo. Tá mapa ag
an bhfear seo. Tá mapa an fhir
seo mór. Tiománann an fear seo
go minic.

7

Dalta is ea mé. Tá an-chuid ama
saor agam. Téim go dtí gnó ja-
banna. Tá jab maith uaim.

8

Tá beagán ama saor ag Paul agus
Robert. Téann siad go dtí an gnó
jabanna chomh maith. Tá
riomhaire ag Paul. D'fhéadadh an
gnó jab maith a thabhairt do
Phaul.

9

Tá cócaireán nua ag Linda. Tá
cócaireán Linda go maith agus
glan. Cócarálann Linda bricfeasta
dona leanaí. Is iad Nancy agus Da-
vid leanaí le Linda. Ólann leanaí
Linda an-chuid té. Ólann an
mháthair beagán caifé. Níl ach cú-
pla focal Gearmáinish ag máthair
Nancy. Ní labhrann sí ach beagán

6

In dem Auto ist ein Mann. Der
Mann hat eine Karte. Die Karte
des Mannes ist groß. Dieser
Mann fährt viel Auto.

7

Ich bin Student. Ich habe viel
Freizeit. Ich gehe zu einer Ar-
beitsvermittlung. Ich brauche ei-
nen guten Job.

8

Paul und Robert haben ein biss-
chen freie Zeit. Sie gehen auch zu
der Arbeits-vermittlung. Paul hat
einen Computer. Die Agentur
wird ihm vielleicht eine gute Ar-
beit geben.

9

Linda hat einen neuen Herd. Lin-
das Herd ist gut und sauber.
Linda macht Frühstück für ihre
Kinder. Nancy und David sind
Lindas Kinder. Lindas Kinder
trinken viel Tee. Die Mutter
trinkt ein bisschen Kaffee.
Nancys Mutter kann nur ein paar

Gearmáinish. Tá post ag Linda.
Níl morán ama saor aici.

10

Nil ach cúpla focail Béarla ag Robert. Ní labhrann Robert ach
beagán Béarla. Tá an-chuid focail
Béarla ar eolas agam. Is féidir
liom beagán Béarla a labhairt. Tá
an-chuid focail Béarla ar eolas ag
an mbean seo. Is féidir léi Béarla
a labhairt go maith.

11

Oibríonn George i ngnó jabanna.
Ta an gnó jabanna seo i San Francisco. Tá carr ag George. Tá carr
George ar an sráid. Tá an-chuid
oibre ag George. Caithfidh sé dul
go dtí an gnó jabanna. Tiománann
sé ann. Téann George isteach sa
gnó jabanna. Tá an-chuid daltaí
ann. Tá postanna ag teastáil
uathu. Is é jab George ná chun
cabhair a thabhairt do na daltaí.

12

Tá carr ag an n-óstán. Níl dóirse
an carr seo glan.
Maireann an-chuid daltaí san óstán seo. Tá seomraí na óstáin

Wörter auf Deutsch. Sie spricht
sehr wenig Deutsch. Linda hat
Arbeit. Sie hat wenig Freizeit.

10

Robert spricht wenig Englisch. Er
kennt nur sehr wenige englische
Wörter. Ich kenne viele englische
Wörter. Ich spreche ein bisschen
Englisch. Diese Frau kennt viele
englische Wörter. Sie spricht gut
Englisch.

11

George arbeitet in einer Arbeitsvermittlung. Diese Arbeitsvermittlung ist in San Francisco.
George hat ein Auto. Georges
Auto steht an der Straße. George
hat viel Arbeit. Er muss in die
Agentur gehen. Er fährt mit dem
Auto dorthin. George kommt in
die Agentur. Dort sind viele Studenten. Sie brauchen Arbeit.
Georges Arbeit ist, den Studenten
zu helfen.

12

Vor dem Hotel steht ein Auto. Die
Türen des Autos sind nicht sauber. In diesem Hotel wohnen
viele Studenten. Die Zimmer des

beag ach glan. Is é seo seomra Robert. Tá fuinneog an sheomra mór agus glan.

Hotels sind klein, aber sauber. Das ist Roberts Zimmer. Das Fenster des Zimmers ist groß und sauber.

Words

Text

7

Ceanaíonn David rothar

David kauft ein Fahrrad

A

Focail
Vokabeln

1. aghaidh - Gesicht
2. am - Zeit
3. ansin - dann
4. baile - Haus, Heim
5. bord leithris - Badezimmertisch
6. bus - Bus
7. cistin - Küche
8. ciú - Warteschlange
9. Dé Sathairn - Samstag
10. déan - machen
11. déantóir - *hier* Maschine (Kaffeemaschine)
12. duine ar dhuine - einer nach dem anderen
13. dul ann ar rothar - mit dem Fahrrad fahren
14. glan - waschen
15. glantóir - Waschmaschine
16. gnólacht - Firma
17. gnólachtaí - Firmen
18. inniu - heute
19. lár - Zentrum
20. le - mit
21. maidin - Morgen
22. oibrí - Arbeiter
23. oifig - Büro

24.   rothar spóirt - Sport-
fahrrad
25.   seomra folctha / leithreas
- Bad; Badewanne

26.   sneaic - Imbiss
27.   spórt - Sport
28.   tar éis é sin - danach

B

Maidin Dé Sathairn atá ann.
Téann David go dtí an leithreas.
Níl an leithreas mór. Tá folcadán,
niochán, agus bord leithris ann.
Glanann David a aghaidh. Ansin
téann sé go dtí an chistin. Tá dé-
antóir-té ar bhord na cistine.
Itheann David a bhricscfeasta. Níl
bricfeasta David mór. Ansin dé-
anann sé caife leis an ndéantóir
caife agus ólann sé é. Teastaíonn
uaidh dul go siopa spóirt inniu.
Téann David amach ar an sráid.
Tógann sé bus uimhir seacht.
Tógann sé David beagán ama
chun dul go dtí an siopa ar an
mbus.

Téann David isteach sa shi-
opa spóirt. Teastaíonn uaidh
rothar spóirt nua a cheannach. Tá
an-chuid rothair spóirt ann. Tá
siad dubh, gorm agus glas. Is
maith le David rothair gorm.
Teastaíonn uaidh ceann gorm a
cheannach. Tá ciú sa shiopa.
Tógann David an-chuid ama chun
an rothar a cheannach. Ansin

Es ist Samstagmorgen. David
geht ins Bad. Das Badezimmer ist
nicht groß. Dort gibt es eine Ba-
dewanne, eine Waschmaschine
und einen Badezimmertisch. Da-
vid wäscht sich das Gesicht. Dann
geht er in die Küche. Auf dem Kü-
chentisch steht ein Teekessel. Da-
vid frühstückt. Davids Frühstück
ist nicht groß. Dann macht er
Kaffee mit der Kaffeemaschine
und trinkt ihn. Er will heute in
ein Sportgeschäft. David geht auf
die Straße. Er nimmt den Bus 7.
David braucht nicht lange, um
mit dem Bus zum Laden zu fah-
ren.

David geht in das Sportge-
schäft. Er will sich ein neues
Sportfahrrad kaufen. Es gibt viele
Sportfahrräder. Sie sind schwarz,
blau und grün. David mag blaue
Fahrräder. Er will ein blaues kau-
fen. Im Laden ist eine Schlange.
David braucht lange, um das
Fahrrad zu kaufen. Dann geht er
auf die Straße und fährt mit dem

téann sé ar an sráid agus
rothaíonn sé an rothar.
Rothaíonn sé go dtí lár na cath-
rach. Ansin rothaíonn sé ó lár na
cathrach go dtí páirc na cathrach.
Tá sé chomh dheas rothar nua
spóirt a rothaíocht!

Is é maidin Dé Sathairn é ach
tá George ina oifig. Tá an-chuid
oibre aige inniu. Ta ciú go dtí oifig
George. Tá an-chuid daltaí agus
oibrithe sa chiú. Tá jab ag teastáil
uathu. Téann siad duine ar
dhuine isteach i seomra George.
Labhrann siad le George. Ansin
tógann sé seolaí do ghnólachtaí
dóibh.

Tá sé am do sneaic anois. Dé-
anann George caife leis an ndé-
antóir-caife. Itheann sé a sneaic
agus ólann sé caife. Nil aon chiú
ina oifig anois. Is féidir le George
dul abhaile. Téann sé go dtí an
tstráid. Tá sé chomh dheas inniu!
Téann George abhaile. Tógann sé
a leanaí agus téann siad go dtí
páirc na cathrach. Bionn am deas
acu ann.

Fahrrad. Er fährt ins Stadtzent-
rum. Dann fährt er vom Zentrum
in den Stadtpark. Es ist so schön,
mit einem neuen Sportfahrrad zu
fahren!

Es ist Samstagmorgen, aber
George ist in seinem Büro. Er hat
heute viel zu tun. Vor Georges
Büro ist eine Schlange. In der
Schlange stehen viele Studenten
und Arbeiter. Sie brauchen Ar-
beit. Sie gehen einer nach dem
anderen in Georges Büro. Sie
sprechen mit George. Dann gibt
er ihnen Adressen von Firmen.

Jetzt ist Zeit für einen Imbiss.
George macht Kaffee mit der Kaf-
feemaschine. Er isst seinen Im-
biss und trinkt Kaffee. Jetzt ist
keine Schlange mehr vor seinem
Büro. George kann nach Hause
gehen. Er geht auf die Straße. Es
ist so ein schöner Tag! George
geht nach Hause. Er holt seine
Kinder ab und geht in den Stadt-
park. Dort haben sie eine schöne
Zeit.

Words

Text

8

Teastaíonn ó Linda DVD nua a cheannach

Linda will eine neue DVD kaufen

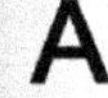 **A**

Focail
Vokabeln

1. abair - sagen
2. bosca - Kiste
3. cairdiúil - freundlich
4. cúig déag - fünfzehn
5. cuir ceist, fiafraigh, iarr - fragen
6. cupa - Tasse
7. DVD - DVD
8. eachtra - Abenteuer
9. fada - lang
10. Fiche - zwanzig
11. físchaiséad - Videokassette
12. freastalaí siopa - Verkäufer
13. imigh - weggehen

39

14.   is fearr - Lieblings-
15.   mair, tóg - dauern, nehmen (Zeit)
16.   mór / níos mó / an ceann is mó - groß / größer / am größten
17.   ná - als
18.   níos mó - mehr
19.   óg - jung
20.   scannán - Film

21.   scannán is fearr - Lieblingsfilm
22.   sin - dass
23.   siopa físeáin - Videothek
24.   suimiúil - interessant
25.   tabhair - geben
26.   taispeáin - zeigen
27.   uair - Stunde

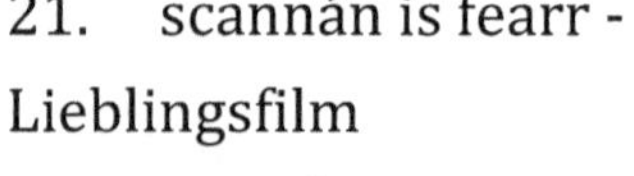

B

Is iad David agus Nancy leanaí Linda. Is í Nancy an leanbh is óige. Tá sí cúig bhliain d'aois. Tá David cúig bhliain déag níos sine ná Nancy. Tá sé fiche bliain d'aois. Tá Nancy i bhfad níos óige ná David.

Tá Nancy, Linda, agus David sa chistin. Ólann siad té. Tá cupa Nancy mór. Tá cupa le Linda níos mó. Is é cupa David an ceann is mó.

Tá an-chuid físchaiséid agus DVDs ag Linda le scannáin suimiúla. Teastaíonn uaithi scannán nua-aimseartha a cheannach. Téann sí go siopa físeáin. Tá an-chuid boscaí le físchaiséid agus DVD-anna ann. D'iarr sít ar fhreastalaí siopa chun cabhair a thabhairt di. Tugann an freastalaí siopa

David und Nancy sind Lindas Kinder. Nancy ist die Jüngste. Sie ist fünf. David ist fünfzehn Jahre älter als Nancy. Er ist zwanzig. Nancy ist viel jünger als David.

Nancy, Linda und David sind in der Küche. Sie trinken Tee. Nancys Tasse ist groß. Lindas Tasse ist größer. Davids Tasse ist am größten.

Linda hat viele Videokassetten und DVDs mit interessanten Filmen. Sie will einen neueren Film kaufen. Sie geht in eine Videothek. Dort sind viele Kisten mit Videokassetten und DVDs. Sie bittet einen Ver-

roinnt caiséid do Linda. Teastaíonn ó Linda níos mó a fháil amach faoina scannáin ach imíonn an freastalaí siopa.

Tá freastalaí siopa amháin eile sa shiopa agus tá sí níos cairdiúla. Cuireann sí ceist ar Linda faoina scannáin is fearr léi. Is maith le Linda scannáin rómánsach agus scannáin eachtraíochta. Is é an scannán "Titanic" an scannán is fearr léi. Taispeánann an freastalaí siopa DVD leis an scannán is déanaí Hollywood "An Cara Gearmánach" do Linda. Tá sé mar gheall ar na heachtraí rómánsúil d'fhear agus bean óg i SAM.

Taispeánann sí DVD leis an scannán "An Gnóthlacht" do Linda chomh maith. Deir an freastalaí siopa gurb é an scannán "An Gnóthlacht" ceann de na scannáin is suimiúla. Agus is é ceann de na scannáin is faide chomh maith. Tá sé níos mó ná trí uair an chloig in fhaid. Is maith le Linda scannáin atá níos faide. Deir sí gurb é "Titanic" an scannáin is suimiúla agus is faide atá aici. Ceanaíonn Linda

käufer, ihr zu helfen. Der Verkäufer gibt Linda ein paar Filme. Linda will mehr über diese Filme wissen, aber der Verkäufer geht weg.

Es gibt eine andere Verkäuferin im Laden und sie ist freundlicher. Sie fragt Linda nach ihren Lieblingsfilmen. Linda mag romantische Filme und Abenteuerfilme. Der Film ‚Titanic' ist ihr Lieblingsfilm. Die Verkäuferin zeigt Linda eine DVD mit dem neusten Hollywoodfilm 'Der deutsche Freund'. Er handelt von den romantischen Abenteuern eines Mannes und einer jungen Frau in den USA.

Sie zeigt Linda auch eine DVD mit dem Film ‚Die Firma'. Die Verkäuferin sagt, dass der Film ‚Die Firma' einer der interessantesten Filme ist. Und auch einer der längsten. Er dauert mehr als drei Stunden. Linda mag längere Filme. Sie sagt, dass ‚Titanic' der interessanteste und der längste Film ist, den sie hat. Linda kauft die

DVD leis an scannán "An Gnóth-
lacht". Gabhann sí buíochas leis an
bhfreastalaí siopa agus imíonn sí.

Words

DVD mit dem Film 'Die Firma'.
Sie bedankt sich bei der Ver-
käuferin und geht.

Text

Éistíonn Paul le hamhráin Gearmánach

Paul hört deutsche Musik

A

Focail
Vokabeln

1. a bheith náirithe - sich schämen
2. ainm - Name
3. an- - sehr
4. arán - Brot
5. as ord - außer Betrieb
6. can - singen
7. clann - Familie
8. dormanna - Wohnheim
9. fón - Telefon
10. frása - Phrase
11. gach - jeder
12. gar - Nähe
13. gar, in aice, an chéad am eile - in der Nähe, neben
14. glaoch - Anruf
15. glaoigh ar an bhfón - am Telefon anrufen

16. hata - Hut
17. ím - Butter
18. is maith - mögen
19. lá - Tag
20. léim - springen
21. mála - Tasche
22. mar - weil
23. nóiméad - Minute

24. rith - laufen
25. roimh - vor
26. símplí - einfach
27. téir, imigh - gehen
28. timpeall - über
29. tosnaigh - beginnen, anfangen

B

Dalta is ea Carol. Tá sí fiche bliain d'aois. Tá Carol ón Spáin. Maireann sí i ndormanna na ndaltaí. Cailín an-dheas is ea í. Tá gúna gorm uirthí. Tá hata ar a ceann.

Teastaíonn ó Charol glaoch a chuir ar a clann inniu. Téann sí go dtí lárionad na glaonna mar tá a fón as ord. Tá an lárionad glaonna ós comhair an chaife. Cuireann Carol glaoch ar a clann. Labhrann sí lena máthair agus a athair. Tógann an glaoch timpeall cúig nóiméad uirthí. Ansin cuireann sí glaoch ar a cara Angela. Tógann an glaoch seo timpeall cúig nóiméad uirthi.

Is maith le Robert spórt. Ritheann sé gach maidin sa pháirc in aice na dormanna. Tá sé ag rith inniu chomh maith. Léimeann sé

Carol ist Studentin. Sie ist zwanzig. Carol kommt aus Spanien. Sie wohnt im Studentenwohnheim. Sie ist ein sehr nettes Mädchen. Carol hat ein blaues Kleid an. Auf dem Kopf hat sie einen Hut.

Carol will heute ihre Familie anrufen. Sie geht ins Callcenter, weil ihr Telefon außer Betrieb ist. Das Callcenter ist vor dem Café. Carol ruft ihre Familie an. Sie spricht mit ihrer Mutter und ihrem Vater. Der Anruf dauert etwa fünf Minuten. Dann ruft sie ihre Freundin Angela an. Dieser Anruf dauert etwa drei Minuten.

Robert mag Sport. Er geht jeden Morgen im Park in der Nähe des Studentenwohnheims joggen. Heute läuft er auch. Er

chomh maith. Tá a chuid léimnigh an-fhada. Tá Paul agus David ag rith agus ag léimeadh le Robert. Tá léimnigh David níos faide. Léimeann sé níos fearr ná an cuid eile acu. Ansin ritheann Robert agus Paul go dtí na dormanna agus ritheann David abhaile.

Bíonn a bhricfeasta ag Robert ina sheomra. Tógann sé arán agus ím. Déanann sé roinnt chaife leis an ndéantóir caife. Ansin cuireann sé roinnt ime ar an n-arán agus itheann sé é.

Maireannn Robert sna dormanna i San Francisco. Tá a sheomra in aice seomra Paul. Nil seomra Robert mór. Tá sé glan mar glanann Robert é gach lá. Tá bord, leaba, roinnt cathaoireacha, agus roinnt troscáin eile ina sheomra. Tá leabhair agus leabhair nótaí Robert ar an mbord. Tá a mhála faoin mbord. Tá na cathaoireacha ag an mbord. Tógann Robert roinnt dlúthdhioscaí ina lámh agus téann sé go áit Paul mar teastaíonn ó Phaul éisteacht le ceol Gearmánach.

springt auch. Er springt sehr weit. Paul und David laufen und springen mit Robert. David springt weiter. Paul springt am weitesten. Er springt am besten von allen. Dann laufen Robert und Paul zum Studentenwohnheim und David nach Hause.

Robert frühstückt in seinem Zimmer. Er holt Brot und Butter. Er macht Kaffee mit der Kaffeemaschine. Dann bestreicht er das Brot mit Butter und isst.

Robert wohnt im Studentenwohnheim in San Francisco. Sein Zimmer ist in der Nähe von Pauls Zimmer. Roberts Zimmer ist nicht groß. Es ist sauber, weil Robert es jeden Tag sauber macht. In seinem Zimmer stehen ein Tisch, ein Bett, ein paar Stühle und ein paar andere Möbel. Roberts Bücher und Notizbücher liegen auf dem Tisch. Seine Tasche ist unter dem Tisch. Die Stühle stehen am Tisch. Robert nimmt ein paar CDs in die Hand und geht zu

Tá Paul ina sheomra ag an mbord. Tá a chat faoin mbord. Tá roinnt aráin ós comhair an chait. Itheann an cat an t-arán. Tugann Robert na dlúthdhioscaí go Paul. Tá an ceol Gearmánach is fearr ar an ndlúthdhiosca. Teastaíonn ó Phaul fios a bheith aige ar ainmeacha na hamhránaithe Gearmánach chomh maith. Ainmíonn Robert na hamhránaithe is fearr leis. Ainmíonn sé Blümchen, Nena agus Herbert Grönemeyer. Tá na hainmeacha seo nua do Phaul.

Éistíonn sé le na dlúthdhioscaí agus ansin tosnaíonn sé ag canadh na hamhráin Gearmánach! Is maith leis na hamhráin seo go mór. D'iarr Paul ar Robert na focail do na hamhráin a scriobh síos. Scríobhann Robert na focail de na hamhráin is fearr Gearmánach do Phaul. Deir Paul go dteastaíonn uaidh cuid do na na focail de na hamhráin a fhoghlaim agus di'arr sé cabhair ar Robert. Cabhraíonn Robert le Paul na focail Gearmáinish a fhoghlaim. Tógann sé go leor ama mar ní féidir le Robert Béarla a labhairt ró-mhaith. Tá náire ar

Pauls Zimmer, weil Paul deutsche Musik hören will.

Paul sitzt in seinem Zimmer am Tisch. Seine Katze ist unter dem Tisch. Vor der Katze liegt etwas Brot. Die Katze isst das Brot. Robert gibt Paul die CDs. Auf den CDs ist die beste deutsche Musik. Paul will auch die Namen der deutschen Sänger wissen. Robert nennt seine Lieblingssänger. Er nennt Jan Delay, Nena und Herbert Grönemeyer. Diese Namen sind Paul neu.

Er hört die CDs an und beginnt dann, die deutschen Lieder zu singen! Ihm gefallen die Lieder sehr. Paul bittet Robert, den Text der Lieder aufzuschreiben. Robert schreibt die Texte der besten deutschen Lieder für Paul auf. Paul sagt, dass er die Texte von ein paar Liedern lernen will, und bittet Robert um Hilfe. Robert hilft Paul, die deutschen Texte zu lernen. Es dauert sehr lange, weil Robert nicht gut Englisch spricht. Robert schämt sich. Er kann nicht einmal ein

Robert. Ní féidir leis frásaí símplí a rá! Ansin téann Robert go dtí a sheomra agus foghlamaíonn sé Béarla.

paar einfache Sätze sagen! Dann geht Robert in sein Zimmer und lernt Englisch.

Words

Text

Ceanaíonn Paul téacsleabhair ar dhearadh

Paul kauft Fachbücher über Design

A

Focail

Vokabeln

1. an- - wirklich
2. aon - jeder
3. breá - fein
4. ceacht - Lektion
5. clár - Programm
6. costas - kosten
7. dearadh - Design
8. díreach - nur
9. é - ihn, ihm

10. féach - schauen
11. feic - sehen
12. haileo - hallo
13. íoc, díol - zahlen
14. mínigh - erklären
15. ollscoil - Uni
16. pictiúr - Bild
17. pioc - wählen
18. saghas, cinéal - Typ, Art

19.   slán - Tschüss

20.   staidéar - studieren, lernen

21.   téacsleabhar - Lehrbuch

22.   teanga - Sprache

23.   teanga dhúchais - Muttersprache

B

Ceanadach is ea Paul agus is é an Béarla a theanga dhúchais. Déanann sé staidéar ar dhearadh in ollscoil i San Francisco.

An Sathairn atá ann agus tá an-chuid ama saor ag Paul. Teastaíonn uaidh roinnt leabhair ar dhearadh a cheannach. Téann sé go dtí an siopa leabhair gar do. D'fhéadadh roinnt leabhair ar dhearadh a bheith acu. Téann sé isteach sa shiopa agus féachann sé ar na boird le na leabhair. Tagann bean chuig Paul. Is freastalaí siopa í.

"Haileo. An bhféidir liom cabhrú leat?" a cheistíonn an freastalaí siopa leis.

"Haileo," arsa Paul, "Déanaim staidéar ar dhearadh san ollscoil. Tá roinnt téacsleabhair ag teastáil uaim. An bhfuil aon théacsleabhair ar dhearadh agat?" a cheistionn Paul.

"Cén saghas dearadh? Tá roinnt téacsleabhar ar dhearadh throscáin, dearadh cháirr, dearadh

Paul ist Kanadier und seine Muttersprache ist Englisch. Er studiert Design an der Universität in San Francisco.

Heute ist Samstag und Paul hat viel Freizeit. Er will ein paar Bücher über Design kaufen. Er geht zum Buchladen in der Nähe. Der könnte Fachbücher über Design haben. Er kommt in den Laden und betrachtet den Tisch mit Büchern. Eine Frau kommt zu Paul. Sie ist eine Verkäuferin.

„Hallo, kann ich Ihnen helfen?", fragt ihn die Verkäuferin.

„Hallo", sagt Paul. „Ich studiere Design an der Universität. Ich brauche ein paar Fachbücher. Haben Sie irgendwelche Fachbücher über Design?", fragt Paul.

„Welche Art von Design? Wir haben Fachbücher über Möbeldesign, Autodesign,

spóirt, dearadh idirlíne," a mhíníonn sí do.

"An bhféidir leat roinnt téacsleabhar ar dhearadh throscáin agus dearadh idirlíne a thaispeáint dom?" arsa Paul léi.

"Is féidir leat na leabhair a phiocadh ó na chéad bord eile. Féach orthu. Seo leabhar le dearthóir throscáin Iodálach d'árbh ainm Palatino. Míníonn an dearthóir dearadh throscáin Iodálach. Míníonn sé dearadh throscáin na hEorpa agus SAM chomh maith. Tá roinnt pictiúir breá ann," a mhíníonn an freastalaí siopa.

"Feicim go bhfuil roinnt ceachtanna sa leabhar chomh maith. Tá an leabhar seo go breá, cinnte. Cé méid atá air?" a cheistíonn Paul.

"Cosnaíonn sé caoga dó dollar. Agus leis an leabhar tá dlúthdhiosca agat. Tá clár ríomhaireachta ar dhearadh throscáin ar an ndlúthdhiosca.," arsa an freastalaí siopa leis.

"Is maith liom go mór é," arsa Paul.

Sportdesign oder Internetdesign", erklärt sie ihm.

„Können Sie mir Fachbücher über Möbeldesign und Internetdesign zeigen?", fragt Paul.

„Sie können sich Bücher von den nächsten Tischen aussuchen. Schauen Sie sie sich an. Dies ist ein Buch von dem italienischen Möbeldesigner Palatino. Dieser Designer erklärt das Design italienischer Möbel. Er erklärt auch europäisches und amerikanisches Möbeldesign. In dem Buch sind einige gute Bilder", erklärt die Verkäuferin.

„Ich sehe, dass das Buch auch Aufgaben enthält. Dieses Buch ist wirklich gut. Wie viel kostet es?", fragt Paul.

„Es kostet zweiundfünfzig Dollar. Und mit dem Buch kommt eine CD. Auf der CD ist ein Computerprogramm für Möbeldesign", sagt die Verkäuferin.

„Das gefällt mir wirklich", sagt Paul.

"Is féidir leat roinnt téacsleabhar ar dhearadh idirlíne a fheiscint ansin," a mhíníonn an bhean do. "Tá an leabhar seo faoi an clár riomhaireachta Microsoft Office. Agus tá na leabhair seo faoi clár riomhaireachta Flash. Féach ar an leabhar dearg seo. Tá sé mar gheall ar Flash agus tá roinnt ceachtanna suimiúla ann. Pioc, le do thoil."

"Cé méid ar an leabhar dearg seo?" a cheistíonn Paul.

"An leabhar seo, le dhá dhlúthdhiosca, ní chosnaíonn sé ach daichead a trí dollar," arsa an freastalaí siopa leis.

"Teastaíonn uaim an leabhar seo le Palatino mar gheall ar dhearadh throscáin agus an leabhar dearg seo mar gheall ar Flash a cheannach. Cé méid a chaithfidh mé a dhíol astu?" a cheistíonn Paul.

"Caithfidh tú nócha dó dollar a dhíol don dhá leabhar seo," arsa an freastalaí siopa leis.

Íocann Paul. Ansin tógann sé na leabhair agus na dlúthdhioscaí.

"Slán," arsa an freastalaí siopa leis.

„Dort können Sie sich ein paar Fachbücher über Internetdesign anschauen", erklärt ihm die Frau. „Dieses Buch ist über das Computerprogramm Microsoft Office. Und diese Bücher sind über das Computerprogramm Flash. Schauen Sie sich dieses rote Buch an. Es ist über Flash und es enthält einige interessante Lektionen. Suchen Sie sich eins aus."

„Wie viel kostet das rote Buch?", fragt Paul.

„Dieses Buch mit zwei CDs kostet nur dreiundvierzig Dollar", sagt die Verkäuferin.

„Ich möchte das Buch von Palatino über Möbeldesign und das rote Buch über Flash kaufen. Wie viel muss ich dafür zahlen?", fragt Paul.

„Sie müssen fünfundneunzig Dollar für diese zwei Bücher zahlen", sagt die Verkäuferin.

Paul zahlt. Dann nimmt er die Bücher und die CDs.

„Tschüss", sagt die Verkäuferin zu ihm.

“Slán,” arsa Paul léi agus
imíonn sé.

Words

„Tschüss“, sagt Paul und
geht.

Text

11

Teastaíonn ó Robert roinnt airgid a thuilleadh (páirt a haon)

Robert will ein bisschen Geld verdienen (Teil 1)

A

Focail

Vokabeln

1. a bheith ar leanúint - Fortsetzung folgt
2. a chlog - Uhr
3. bosca - Kiste
4. ceann amháin eile - noch einer
5. críoch - beenden
6. cruaigh, díon, deacair - hart

7. freagra - antworten
8. fuinneamh - Energie
9. gnáth - gewöhnlich
10. iompair - Transport
11. lá - Tag
12. liosta - Liste
13. mar is gnáth - normaler-weise, meistens
14. níos fearr - besser

15. nóta - Notiz

16. OK, bhuel - OK, gut

17. páirt - Teil

18. roinn pearsanra - Person-
alabteilung

19. tapaigh, go tapaigh -
schnell

20. tar éis - nach

21. trucail - LKW

22. tuig - verstehen

23. tuill - verdienen

24. uair - Stunde

25. ualach - Ladung

26. uimhir - Nummer

B

Bíonn am saor go laethúil ag Robert tar éis na hollscoile. Teastaíonn uaidh roinnt airgid a thuilleadh. Téann sé go dtí an gnó jabanna. Tugann siad seoladh do ghnólacht iompartha dó. Tá ualathóir ag teastáil ón ngnólacht iompartha Rapid. Tá an obair seo an-dheacair. Ach íocann siad aon dollar déag in aghaidh na huaire. Teastaíonn ó Robert an jab seo a thógaint. Mar sin téann sé go dtí oifig an ghnólachta iompartha.

"Haileo. Tá nóta agam duit ó ghnólacht jabanna," arsa Robert le bean i roinn pearsanra an ghnólachta. Tugann sé an nóta di.

"Haileo," arsa an bhean, "Margaret Bird is ainm dom. Is mise

Robert hat jeden Tag nach der Universität freie Zeit. Er will ein bisschen Geld verdienen. Er geht in eine Arbeitsvermittlung. Sie geben ihm die Adresse einer Transportfirma. Die Transportfirma Rapid braucht einen Verlader. Diese Arbeit ist wirklich schwer. Aber sie bezahlen elf Dollar pro Stunde. Robert will den Job annehmen. Also geht er zum Büro der Transportfirma.

„Hallo. Ich habe eine Notiz für Sie von einer Arbeitsvermittlung", sagt Robert zu einer Frau in der Personalabteilung der Firma. Er gibt ihr die Notiz.

„Hallo", sagt die Frau. „Ich bin Margaret Bird. Ich bin die

ceann an roinn pearsanra. Cad é d'ainm?"

"Robert Genscher is ainm dom" arsa Robert.

"An Meiriceánach tú?" arsa Margaret.

"Ní hea. Gearmánach is ea mé," a fhreagraíonn Robert.

"An bhféidir leat Béarla a labhairt agus a léamh go maith?" a iarann sí.

"Sea, is féidir liom," ar seisean.

"Cén aois tú, Robert?" a iarann sí.

"Táim fiche bliain d'aois," a fhreagraíonn Robert.

"An dteastaíonn uait obair ag an ngnólacht iompartha mar ualathóir?" a iarann ceann an roinn pearsanra air.

Tá náire ar Robert a rá nach bhféidir leis jab níos fearr a bheith aige mar ní féidir leis Béarla a labhairt ró-mhaith. Mar sin deir sé: "Teastaíonn uaim aon dollar déag in aghaidh na huaire a thuilleadh."

"Bhuel-bhuel," arsa Margaret, "Ní bhíonn morán oibre ualaithe

Leiterin der Personalabteilung. Wie heißen Sie?"

„Ich heiße Robert Genscher", sagt Robert.

„Sind Sie Amerikaner?", fragt Margaret.

„Nein, ich bin Deutscher", antwortet Robert.

„Können Sie gut Englisch sprechen und schreiben?", fragt sie.

„Ja", sagt er.

„Wie alt sind Sie?", fragt sie.

„Ich bin zwanzig", antwortet Robert.

„Wollen Sie in der Transportfirma als Verlader arbeiten?", fragt ihn die Leiterin der Personalabteilung.

Robert schämt sich, zu sagen, dass er keine bessere Arbeit haben kann, weil er nicht gut Englisch spricht. Deswegen sagt er: „Ich möchte elf Dollar pro Stunde verdienen."

„Na gut", sagt Margaret. „Normalerweise hat unsere Transportfirma nicht viel Verladearbeit. Aber gerade brauchen

ag ár ngnólacht iompartha. Ach tá ualathóir amháin eile ag teastáil uainn go géar anois. An bhféidir leat boscaí le fiche cileagram d'ualach a ualú go tapaigh?"

"Sea, is féidir liom. Tá an-chuid fuinnimh agam," a fhreagraíonn Robert.

"Tá ualathóir uainn go laethúil ar feadh trí uair an chloig. An bhféidir leat obair ó cheathar go dtí seacht a chlog?" a fhiafraíonn sí.

Sea, is féidir, críochnaíonn mo cheachtanna ag a haon a chlog," a fhreagraíonn an dalta.

"Cathain an bhféidir leat tosnú ag obair?" a fhiafraíonn ceann an roinn pearsanra dó.

"Is féidir liom tosnú anois," a fhreagraíonn Robert.

"Bhuel. Féach ar an liosta ualathóir. Tá roinnt ainmeacha do ghnólachtaí agus siopaí ar an liosta," a mhíníonn Margaret, "Tá uimhreacha ag gach gnólacht agus siopa. Is iad seo uimhreacha na mboscaí. Agus seo ida uimhreacha na dtrucailí ina chaithfidh tú na boscaí seo a ualú. Tagann agus

wir wirklich noch einen Verlader. Können Sie schnell Kisten mit zwanzig Kilogramm Ladung verladen?"

„Ja, das kann ich. Ich habe viel Energie", antwortet Robert.

„Wir brauchen einen Verlader für drei Stunden täglich. Können Sie von vier bis sieben Uhr arbeiten?", fragt sie.

„Ja, mein Unterricht endet um ein Uhr", antwortet der Student.

„Wann können Sie anfangen, zu arbeiten?", fragt ihn die Leiterin der Personalabteilung.

„Ich kann jetzt anfangen", erwidert Robert.

„Gut. Schauen Sie sich diese Ladeliste an. Dort stehen Namen von Firmen und Läden", erklärt Margaret. „Bei jeder Firma und jedem Laden stehen ein paar Nummern. Das sind die Nummern der Kisten. Und das sind die Nummern der Lastwägen, auf die Sie die Kisten laden müssen. Die Lastwägen kommen und gehen stündlich. Sie müssen

imionn na trucailí gach uair go lae-
thúil. Mar sin beidh ort obair go
tapaigh. OK?"

"OK", a fhreagraíonn Robert,
gan Margaret a thuiscint ró-
mhaith.

"Anois tóg an liosta ualaithe
seo agus téir go dtí doras ualaithe
uimhir a trí," arsa ceann an roinn
pearsanra le Robert. Tógann Ro-
bert an liosta ualaithe agus téann
sé ag obair.

(le leanúint)

Words

also schnell arbeiten. Alles
klar?"

„Alles klar", antwortet Ro-
bert, ohne Margaret richtig zu
verstehen.

„Nehmen Sie jetzt diese La-
deliste und gehen Sie zur La-
detür Nummer drei", sagt die
Leiterin der Personalabteilung
zu Robert. Robert nimmt die La-
deliste und geht arbeiten.

(Fortsetzung folgt)

Text

12

Teastaíonn ó Robert roinnt airgid a thuilleadh
(páirt a dó)

Robert will ein bisschen Geld verdienen (Teil 2)

A

Focail
Vokabeln

1. a - ihr
2. a bheith brónach - bedauern
3. anseo - hier (Ort)
4. anseo tá - hier ist
5. buail - treffen

6. ceart, i gceart - richtig
7. Dé Luain - Montag
8. do - dein
9. dona, olc - schlecht
10. droim - zurück

11. dúisigh, gabh suas - steh auf
12. fáth - Grund
13. gráin, fuath - hassen
14. in ionad - anstatt
15. in ionad tusa - statt dir
16. mac - Sohn
17. mam, máthair - Mama, Mutter
18. mí-cheart - falsch
19. múinteoir - Lehrer
20. sásta - zufrieden
21. siúil - gehen, spazieren
22. tabhair - bringen
23. tiomáin - fahren
24. tiománaí - Fahrer
25. treo - hier (Richtung)
26. Uasal, an tUasal - Herr, Hr.

B

Tá go leor trucailí ag doras ualaithe uimhir a trí. Tá siad ag teacht ar ais ag tabhairt ar ais a n-ualaí. Téann ceann an roinn pearsanra agus ceann an ghnólacht ann. Téann siad chuig Robert. Tá Robert ag ualú boscaí i dtrucail. Tá sé ag obair go tapaigh.

"Robert! Le do thoil, tar anseo," a ghlaonn Margaret, "Is e seo ceann an ghnólacht, an tUasal Profit."

"Táim sásta bualadh leat," arsa Robert agus é ag teacht chuchu.

"Mise chomh maith," a fhreagraíonn an tUasal Profit, "Cá bhfuil do liosta ualaithe?"

An der Ladetür Nummer 3 stehen viele Lastwagen. Sie kommen mit ihrer Ladung zurück. Die Leiterin der Personalabteilung und der Firmenchef kommen dorthin. Sie gehen zu Robert. Robert lädt Kisten in einen Lastwagen. Er arbeitet schnell.

„Hey Robert! Komm bitte hierher!", ruft Margaret. „Das ist der Chef der Firma, Herr Profit."

„Es freut mich, Sie kennenzulernen", sagt Robert auf sie zugehend.

„Mich auch", antwortet Hr. Profit. „Wo ist Ihre Ladeliste?"

"Tá sé anseo," tugann Robert an liosta ualaithe do.

"Bhuel-bhuel," arsa an tUasal Profit ag féachaint siar ar an liosta, "Féach ar na trucailí seo. Tá siad ag teacht ar ais ag tabhairt ar ais a n-ualaí mar d'ualaigh tú na boscaí mí-cheart. Téann na boscaí le leabhair go siopa troscáin in ionad an siopa leabhair, téann na boscaí le físchaiséid agus DVD-anna go caife in ionad siopa físeáin, agus téann na boscaí le ceapairí go siopa físeáin in ionad caife! Seo obair dona! Tá brón orm ach ní féidir leat obair ag an ngnólacht," arsa an tUasal Profit agus siúlann sé ar ais go dtí an oifig.

Ní féidir le Robert boscaí a ualú i gceart mar ni féidir leis léamh nó tuiscint ach cúpla focail Béarla. Féachann Margaret air. Tá náire ar Robert.

"Robert, is féidir leat Béarla a fhoghlaim níos fearr agus teacht ar ais arís. OK?" arsa Margaret.

"OK," a fhreagraíonn Robert, "Slán Margaret,"

„Hier ist sie." Robert gibt ihm die Ladeliste.

„Na gut", sagt Hr. Profit, während er auf die Liste schaut. „Sehen Sie diese Lastwagen? Sie bringen ihre Fracht zurück, weil Sie die Kisten falsch verladen haben. Die Kisten mit Büchern werden zu einem Möbelladen gebracht anstelle von einem Buchladen, die Kisten mit Videos und DVDs zu einem Café anstelle von einer Videothek und die Kisten mit Sandwiches zu einer Videothek anstelle von einem Café! Das ist schlechte Arbeit! Es tut mir leid, aber Sie können nicht in unserer Firma arbeiten", sagt Hr. Profit und geht zurück in sein Büro.

Robert kann die Kisten nicht richtig verladen, weil er nur sehr wenig Englisch lesen und verstehen kann. Margaret sieht ihn an. Robert schämt sich.

„Robert, du kannst dein Englisch verbessern und dann wiederkommen, ok?", sagt Margaret.

„Ok", antwortet Robert. „Tschüss Margaret".

"Slan Robert," a fhreagraíonn Margaret.

Siúlann Robert abhaile. Teastaíonn uaidh Bearla a fhoghlaim níos fearr anois agus ansin jab nua a thógaint suas.

"Tschüss Robert", antwortet Margaret.

Robert geht nach Hause. Er will jetzt sein Englisch verbessern und sich dann eine neue Arbeit suchen.

Tá sé in am dul go dtí an ollscoil

Es ist an der Zeit, in die Uni zu gehen

Maidin Dé Luain tagann máthair isteach sa sheomra chun a mac a dhúiseacht.

An einem Montagmorgen kommt eine Mutter ins Zimmer, um ihren Sohn aufzuwecken.

"Dúisigh, tá sé seacht a chlog. Tá sé in am dul go dtí an ollscoil!"

„Steh auf, es ist sieben Uhr. Es ist an der Zeit, in die Uni zu gehen!"

"Ach cén fáth, mam? Ni theastaíonn uaim imeacht ann."

„Aber warum, Mama? Ich will nicht gehen."

"Ainmigh dhá fháth cén fáth nach dteastaíonn uait dul," arsa an mháthair lena mac.

„Nenne mir zwei Gründe, warum du nicht gehen willst", sagt die Mutter zu ihrem Sohn.

"Tá an ghráin ag na daltaí fuaim mar fháth amháin agus tá an ghráin ag na múinteoirí fuaim chomh maith!"

„Die Studenten hassen mich und die Lehrer auch!"

"Oh, ní shin fáthanna gan dul go dtí an ollscoil. Dúisigh!"

„Oh, das sind keine Gründe, um nicht in die Uni zu gehen. Steh auf!"

"OK. Ainmigh dhá fháth go mba cheart domsa dul go dtí an ollscoil," ar seisean lena mháthair.

„Ok. Nenn mir zwei Gründe, warum ich in die Uni muss", sagt er zu seiner Mutter.

"Bhuel, mar fháth amháin, tá
tú cúig bhliain is caoga d'aois.
Agus mar an dara fáth, is tusa
ceann na hollscoile! Dúisigh
anois!"

Words

„Gut, einerseits, weil du fünf-
undfünfzig Jahre alt bist. Und an-
dererseits, weil du der Direktor
der Universität bist! Steh jetzt
auf!"

Text

Fortgeschrittene Anfänger
Stufe A2

Ainm an óstáin

Der Name des Hotels

A

Focail

Vokabeln

1. amaideach - dumm
2. an Pholainn - Polen
3. anois - jetzt
4. ansin - dann
5. ar chos - zu Fuß
6. ardaitheoir - Aufzug
7. arís - nochmal, wieder
8. ceann eile - andere, ein weiterer
9. cheana féin - bereits
10. codladh - schlafen
11. cos - Fuß
12. droichead - Brücke
13. faigh - finden
14. fearg - verärgert
15. feic - sehen
16. fógra - Inserat
17. iontas - Überraschung
18. iontas a chuir - überraschen
19. iontas ar - überrascht
20. loch - See

21. meangadh - lächeln

22. meangadh gáire a dhéa-namh - grinsen

23. oíche - Nacht

24. ón - weg

25. oscailte - offen

26. seas - stehen

27. síos - nieder

28. siúl - zu fuß gehen

29. slí - Weg

30. stop - anhalten

31. tacsaí - Taxi

32. tar éis - vorbei

33. taispeáin - zeigen

34. thar, trasna - über, hinüber

35. timpeall - rund

36. tiománaí tacsaí - Taxifahrer

37. tráthnóna - Abend

38. tríd - durch

39. tuirseach - müde

B

Seo é dalta. Kasper is ainm dó. Tá Kasper ón bPólainn. Ni féidir leis Béarla a labhairt. Teastaíonn uaidh Béarla a fhoghlaim in ollscoil i SAM. Maireann Kasper in óstán i San Francisco anois.

Tá sé ina sheomra anois. Tá sé ag féachaint ar an mapa. Tá an mapa seo an-mhaith. Feiceann Kasper sráideanna, cearnóig agus siopaí ar an mapa. Téann sé amach as an seomra agus tríd an bpasáiste fada go dtí an t-ardaitheoir. Tógann an t-ardaitheoir é síos. Téann Kasper tríd an halla mór agus amach as an n-óstán. Stopann sé in aice an óstáin agus

Das ist ein Student. Er heißt Kasper. Kasper kommt aus Polen. Er spricht kein Englisch. Er will an einer Universität in den USA Englisch lernen. Kasper wohnt zurzeit in einem Hotel in San Francisco.

Gerade ist er in seinem Zimmer. Er schaut auf die Karte. Diese Karte ist sehr gut. Kasper sieht Straßen, Plätze und Läden auf der Karte. Er geht aus dem Zimmer und durch den langen Gang zum Aufzug. Der Aufzug bringt ihn nach unten. Kasper geht durch die große Halle und aus dem Hotel. Er hält in der Nähe des Hotels an und schreibt

scríobhann sé síos ainm an óstáin ina leabhar nótaí.

Tá cearnóg ciorcalach agus loch ag an n-óstán. Téann Kasper trasna an chearnóig go dtí an loch. Siúlann sé timpeall an locha go dtí an droichead. Téann go leor caranna, trucailí agus daoine thar an dhroichid. Téann Kasper faoin ndroichead. Ansin siúlann sé ar an sráid go dtí lár na cathrach. Téann sé thar go leor foirgnimh deasa.

Tá an tráthnóna ann cheana féin. Tá tuirseach ar Kasper agus teastaíonn uaidh dul thar ais go dtí an óstán. Stopann sé tacsaí, ansin osclaíonn sé a leabhar nótaí agus taispeánann sé ainm an óstáin don thiománaí tacsaí. Féachann an tiománaí tacsaí isteach ina leabhar nótaí, déanann sé meangadh agus tiománann sé uaidh. Ní féidir le Kasper é a thuiscint. Seasann sé agus féachann sé ina leabhar nótaí. Ansin stopann sé tacsaí eile agus taispeánann sé ainm an óstáin go dtí an tiománaí tacsaí arís. Féachann an tiománaí isteach sa leabhar nótaí. Ansin féachann sé ar Kasper, déanann sé meangadh agus tiománann sé uaidh arís.

den Namen des Hotels in sein Notizbuch.

Beim Hotel gibt es einen runden Platz und einen See. Kasper geht über den Platz zum See. Er geht um den See zur Brücke. Viele Autos, Lastwägen und Menschen überqueren die Brücke. Kasper geht unter der Brücke hindurch. Dann geht er eine Straße entlang zum Stadtzentrum. Er geht an vielen schönen Gebäuden vorbei.

Es ist schon Abend. Kasper ist müde und will zurück ins Hotel gehen. Er hält ein Taxi an, öffnet dann sein Notizbuch und zeigt dem Taxifahrer den Namen des Hotels. Der Taxifahrer schaut in das Notizbuch, lächelt und fährt weg. Kasper versteht nichts. Er steht da und schaut in sein Notizbuch. Dann hält er ein anderes Taxi an und zeigt dem Taxifahrer wieder den Namen des Hotels. Der Fahrer schaut in das Notizbuch. Dann schaut er Kasper an, lächelt und fährt auch weg.

Tá iontas ar Kasper. Stopann sé tacsai eile. Ach tiománann an tacsaí seo uaidh chomh maith. Ní féidir le Kasper é seo a thuiscint. Tá iontas agus fearg air. Ach níl sé amaideach. Osclaíonn sé an mapa agus faigheann sé amach an tslí go dtí an óstán. Filleann sé ar an n-óstán ar chos.

Tá an oíche ann. Tá Kasper ina leaba. Tá sé ina chodladh. Tá na réaltaí ag féachaint isteach sa sheomra tríd an bhfuinneog. Ta an leabhar nótaí ar an mbord. Tá sé oscailte. "Is é Ford an carr is fearr". Ní hé seo ainm an óstáin. Seo fógra ar fhoirgneamh an óstáin.

Kasper ist verwundert. Er hält ein anderes Taxi an. Aber auch dieser Taxifahrer fährt weg. Kasper kann das nicht verstehen. Er ist verwundert und wütend. Aber er ist nicht dumm. Er öffnet seine Karte und findet den Weg zum Hotel. Er kehrt zu Fuß zum Hotel zurück.

Es ist Nacht. Kasper ist in seinem Bett. Er schläft. Die Sterne schauen durch das Fenster ins Zimmer. Das Notizbuch liegt auf dem Tisch. Es ist offen. „Ford ist das beste Auto". Das ist nicht der Name des Hotels. Das ist Werbung am Hotelgebäude.

Words

Text

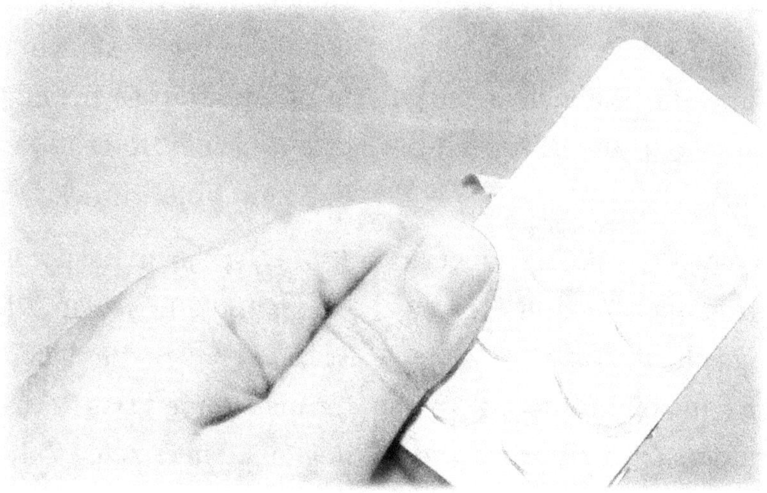

Aspirin

Aspirin

 **A**

Focail
Vokabeln

1. ag a haon a chlog - um ein Uhr
2. ag leath uair tar éis a hocht - um halb neun
3. ar deireadh - endlich
4. aspirin - Aspirin
5. bán - weiß
6. bileog - ein Blatt (Papier)
7. binse - Bank
8. boladh dona - stinkend
9. briseadh, sos - Pause
10. ceimic - chemisch, Chemie
11. ceimicí - Chemikalien
12. cliste - schlau
13. cógaslann - Apotheke
14. criostal - Kristall
15. deich - zehn
16. do - für
17. dormanna - Wohnheim
18. é sin - das (Konj)
19. faigh - bekommen
20. fear - Mann

21. gan dabht - ohne Zweifel

22. go minic - häufig

23. iontach - wunderbar

24. leath - halb

25. liath - grau

26. páipéar - Papier

27. piollaire - Pille

28. réiteach, freagra - Lösung, Antwort

29. roinnt - etwas, einige

30. rud éigin - etwas

31. scrúdú - Prüfung

32. scrúdú a chuir ar - zu prüfen

33. scrúdú a phasáil - eine Prüfung bestehen

34. seomra ranga - Klassenzimmer

35. smaoinigh - denken

36. suigh síos - sich hinsetzen

37. tar éis - nach

38. tasc - Aufgabe

39. triail - versuchen

40. uaireadóir - Armbanduhr

 **B**

Is é seo cara Robert. Paul is ainm dó. Ta Paul ó Cheanada. Is é Béarla a theanga dhúchais. Is féidir leis Francis a labhairt an-mhaith chomh maith. Maireann Paul sna dormanna. Ta Paul ina sheomra anois. Tá scrúdú ceimic ag Paul inniu. Féachann sé ar a uaireadóir. Tá sé a ocht a chlog. Tá sé am imeacht.

Téann Paul amach. Téann sé go dtí an ollscoil. Tá an ollscoil in aice na dormanna. Tógann sé timpeall deich nóiméad ar dul go dtí an ollscoil. Tagann Paul go dtí an seomra ranga ceimice. Osclaíonn sé an doras agus féachann sé isteach sa sheomra ranga. Tá roinnt

Das ist ein Freund von Robert. Er heißt Paul. Paul kommt aus Kanada. Seine Muttersprache ist Englisch. Er spricht auch sehr gut Französisch. Paul wohnt im Studentenwohnheim. Paul ist gerade in seinem Zimmer. Paul hat heute eine Prüfung in Chemie. Er schaut auf die Uhr. Es ist acht Uhr. Es ist an der Zeit, zu gehen.

Paul geht nach draußen. Er geht zur Universität. Die Uni ist in der Nähe des Wohnheims. Er braucht etwa zehn Minuten bis zur Uni. Paul kommt zum Klassenzimmer. Er öffnet die Tür und schaut ins Klassenzimmer.

daltaí agus an múinteoir ann. Tagann Paul isteach sa sheomra ranga.

"Haileo," ar seisean.

"Haileo," a fhreagraíonn an múinteoir agus na daltaí.

Tagann Paul go dtí a deasc agus suíonn sé síos. Tosnaíonn an scrúdú ceimice ag a leath uair tar éis a hocht. Tagann an múinteoir go dtí binse Paul.

"Seo é do theasc," arsa an múinteoir. Ansin tugann sé bileog pháipéir leis an dteasc do Phaul, "Caithfidh tu aspirin a dhéanamh. Is féidir leat obair óna leath uair tar éis a hocht go dtí meán lae. Tosnaigh, le do thoil," arsa an múinteoir.

Tá an teasc seo ar eolas ag Paul. Tógann sé roinnt ceimicí agus tosnaíonn sé. Oibríonn sé ar feadh deich nóiméad. Ar deireadh faigheann sé rud éigin liath le boladh dona. Ní aspirin maith é seo. Tá a fhios ag Paul go gcaithfidh sé criostail móra bán d'aspirin a fháil. Ansin trialann sé arís is arís. Oibríonn Paul ar feadh uair an chloig

Einige Studenten und der Lehrer sind da. Paul betritt das Klassenzimmer.

„Hallo", sagt er.

„Hallo", antworten der Lehrer und die Studenten.

Paul geht zu seinem Schreibtisch und setzt sich hin. Die Prüfung beginnt um halb neun. Der Lehrer kommt zu Pauls Tisch.

„Hier ist deine Aufgabe", sagt der Lehrer. Dann gibt er Paul ein Blatt Papier mit der Aufgabe. „Du musst Aspirin herstellen. Du kannst von halb neun bis zwölf Uhr arbeiten. Fang bitte an", sagt der Lehrer.

Paul weiß, wie diese Aufgabe geht. Er nimmt einige Chemikalien und beginnt. Er arbeitet zehn Minuten lang. Das Ergebnis ist grau und stinkt. Das ist nicht gutes Aspirin. Paul weiß, dass er große, weiße Aspirinkristalle erhalten muss. Dann versucht er es wieder und wieder. Paul arbeitet eine Stunde

ach faigheann sé rud éigin liath le boladh dona arís.

Tá fearg ar Phaul agus tá tuirseach air. Ni féidir leis é a thuiscint. Stopann sé agus smaoiníonn sé beagán. Fear cliste is ea Paul. Smaoinionn sé ar feadh nóiméid agus ansin aimsíonn sé an freagra! Seasann sé suas.

"An bhfuil cead agam briseadh ar feadh deich nóiméid?" a cheistionn Paul an múinteoir.

"Gan dabht, tá cead agat," a fhreagraíonn an múinteoir.

Téann Paul amach. Faigheann sé cógaslann in aice na hollscoile. Téann sé isteach agus ceanaionn sé roinnt piollairí d'aspirin. I gceann deich nóiméad filleann sé ar an seomra ranga. Suíonn na daltaí agus oibrionn siad . Suíonn Paul síos,

"An bhfuil cead agam an scrúdú a chríochnú?" arsa Paul leis an múinteoir i gcúig nóiméad.

Tagann an múinteoir go mbinse Paul. Feiceann sé criostail móra bán d'aspirin. Stopann an múinteoir le hiontas. Seasann sé

lang, aber das Ergebnis ist wieder grau und stinkend.

Paul ist wütend und müde. Er kann es nicht verstehen. Er macht eine Pause und denkt ein bisschen nach. Paul ist intelligent. Er denkt ein paar Minuten nach und findet dann die Lösung! Er steht auf.

„Kann ich zehn Minuten Pause machen?", fragt er den Lehrer.

„Ja, natürlich", antwortet der Lehrer.

Paul geht nach draußen. Er findet eine Apotheke in der Nähe der Uni. Er geht hinein und kauft ein paar Tabletten Aspirin. Nach zehn Minuten kommt er zurück ins Klassenzimmer. Die Studenten sitzen da und arbeiten. Paul setzt sich hin.

„Kann ich die Prüfung beenden?", fragt Paul den Lehrer nach fünf Minuten.

Der Lehrer kommt zu Pauls Tisch. Er sieht große, weiße Aspirinkristalle. Der Lehrer ist überrascht. Er bleibt stehen und

agus feachann sé ar an n-aspirin ar feadh nóiméid.

"Tá sé go hiontach! Tá d'aspirin chomh dheas! Ach ní feidir liom é a thuiscint! Trialaim go minic aspirin a fháil agus ní fhaighim ach rud éigin liath le boladh dona," arsa an múinteoir, "Tá tú tar éis an scrúdú a phasáil," ar seisean.

Imíonn Paul tar éis an scrúdaithe. Feiceann an múinteoir rud éigin bán ar bhinse Paul. Tagann sé go dtí an binse agus faigheann sé paipéar óna phiollairí aspirin.

"Fear cliste. OK, Paul. Anois tá fadhb agat," arsa an múinteoir.

schaut eine Weile auf das Aspirin.

„Wunderbar! Dein Aspirin ist gut! Aber ich kann das nicht verstehen! Ich versuche oft, Aspirin herzustellen, aber alles, was ich herausbekomme, ist grau und stinkt", sagt der Lehrer. „Du hast die Prüfung bestanden".

Paul geht nach der Prüfung weg. Der Lehrer sieht etwas Weißes auf Pauls Tisch. Er geht zum Tisch und findet das Papier der Aspirintabletten.

„Intelligenter Junge. Na ja, Paul, jetzt hast du ein Problem", sagt der Lehrer.

Words

Text

Nancy agus an cangarú

Nancy und das Känguru

A

Focail
Vokabeln

1. a - seine
2. babóg, dollaí - Puppe
3. bac - ärgern
4. bliain - Jahr
5. bocht - Arm
6. bréagán - Spielzeug
7. buail - schlagen
8. buicéad - Eimer
9. cad - was
10. cangarú - Känguru
11. cathain - wann
12. cluas - Ohr
13. eireaball - Schwanz
14. fliuch - nass
15. go ciúin - *hier* langsam
16. gol - weinen, schreien
17. gruaig - Haar
18. Hey! - Hey!
19. láidir, go láidir - stark
20. lán - voll
21. le chéile - zusammen
22. leabhragán - Bücherschrank

23. leathan, go leathan - breit, weit
24. leon - Löwe
25. lig dúinn - lassen wir uns
26. mise - mich, mir
27. moncaí - Affe
28. Oh! - Oh!
29. OK, bhuel - okay, gut
30. plean - planen, vorhaben
31. sásta - zufrieden
32. séabra - Zebra

33. sinne - uns
34. staidéar - lernen, studieren
35. tarraing - ziehen
36. tiogar - Tiger
37. tit - fallen
38. uachtar reoite - Eis
39. uisce - Wasser
40. zú - Zoo

B

Dalta is ea Robert anois. Déanann sé staidéar san ollscoil. Déanann sé staidéar ar Bhéarla. Maireann Robert sna dormanna. Maireann sé béal dorais do sheomra Paul.

Tá Robert ina sheomra anois. Tógann sé an fón agus cuireann sé glaoch ar a chara David.

"Haileo," freagraíonn David an glaoch.

"Haileo David. Robert anseo. Conas atá tú?" arsa Robert.

"Haileo Robert. Táim go breá. Go raibh maith agat. Agus conas atá tú féin?" freagraíonn David.

Robert ist jetzt Student. Er studiert an der Universität. Er studiert Englisch. Robert wohnt im Studentenwohnheim. Er ist Pauls Nachbar.

Robert ist gerade in seinem Zimmer. Er nimmt sein Telefon und ruft seinen Freund David an.

David geht ans Telefon und sagt: „Hallo."

„Hallo David. Ich bin es, Robert. Wie geht's dir?", sagt Robert.

„Hallo Robert. Mir geht's gut. Danke. Und dir?", antwortet David.

"Táim go breá chomh maith.
Go raibh maith agat. Rachfaidh mé
i gcomhair siúlóid. Cad iad do
phleananna inniu?" arsa Robert.

"D'iarr mo dheirfiúr Nancy
orm dul go dtí an zú. Tógfaidh mé í
ann anois. Ba cheart dúinn dul le
chéile," arsa David.

"OK. Rachfaidh mé leat. Cá
mbuailfimid?" a fhiafraíonn Robert.

"Buailifimid ag an stad bus
Oilimpeach. Agus d'iarr ar Phaul
teacht linn chomh maith.," arsa
David.

"OK. Slán," a fhreagraionn
Robert.

"Cífidh mé tú, slán," arsa David.

Ansin téann Robert go dtí seomra Paul. Tá Paul ina sheomra.

"Haileo," arsa Robert.

"Oh, haileo Robert. Tar isteach, le do thoil," arsa Paul.
Tagann Robert isteach.

„Mir geht's auch gut, danke.
Ich werde einen Ausflug machen. Was hast du heute vor?",
sagt Robert.

„Meine Schwester Nancy
will mit mir in den Zoo gehen.
Ich werde jetzt mit ihr dorthin
gehen. Lass uns zusammen gehen", sagt David.

„Alles klar, ich komme mit.
Wo treffen wir uns?", fragt Robert.

„Lass uns an der Bushaltestelle Olympic treffen. Und frag
Paul, ob er auch mitkommen
will", sagt David.

„Alles klar. Tschüss", antwortet Robert.

„Bis gleich", sagt David.

Dann geht Robert zu Pauls
Zimmer. Paul ist in seinem Zimmer.

„Hallo", sagt Robert.

„Oh, hallo Robert. Komm
rein", sagt Paul. Robert betritt
das Zimmer.

"Rachfaidh David, a dheirfiúr agus mé féin go dtí an zú. An rachfaidh tú i dteannta linn?" a fhiafraíonn Robert.

"Gan dabht, rachfaidh mé chomh maith!" arsa Paul.

Tiománann Robert agus Paul go dtí an stad bus Oilimpeach. Feiceann siad David agus a dheirfiúr Nancy ann.

Nil deirfiúr David ach cúig bhliana d'aois. Cailín beag is ea í agus tá sí lán d'fhuinneamh. Is maith léi ainmhí go mór. Ach ceapann Nancy go mbréagáin iad ainmhithe. Ritheann na hainmhithe uaithí mar cuireann sí isteach orthu go mór. Is féidir léi tarraing eireaball nó cluas, bualadh iad le lámh nó le bréagán. Tá madra agus cat sa bhaile ag Nancy. Nuair atá Nancy sa bhaile tá an madra faoin leaba agus suíonn an cat ar an leabhragán. Mar sin ní féidir léi iad a aimsiú.

Tagann Nancy, David, Robert agus Paul isteach sa zú.

Tá an-chuid ainmhithe sa zú. Tá Nancy an-shásta. Ritheann sí go

„David, seine Schwester und ich gehen in den Zoo. Willst du mitkommen?", fragt Robert.

„Natürlich komme ich mit", sagt Paul.

Robert und Paul fahren bis zur Bushaltestelle Olympic. Dort sehen sie David und seine Schwester Nancy.

Davids Schwester ist erst fünf. Sie ist ein kleines Mädchen und voller Energie. Sie mag Tiere sehr gerne. Aber Nancy denkt, dass Tiere Spielzeug sind. Die Tiere rennen vor ihr weg, weil sie sie sehr ärgert. Sie zieht sie am Schwanz oder am Ohr, schlägt sie mit der Hand oder mit einem Spielzeug. Zu Hause hat Nancy einen Hund und eine Katze. Wenn Nancy zu Hause ist, sitzt der Hund unter dem Bett und die Katze auf dem Bücherregal. So kann Nancy sie nicht kriegen.

Nancy, David, Robert und Paul betreten den Zoo.

Im Zoo gibt es sehr viele Tiere. Nancy ist glücklich. Sie

dti an leon agus tíogar. Bualann sí
an séabra lena dollaí. Tar-
rangaíonn sí eireaball an mhoncaí
chomh láidir san go ritheann na
moncaithe eile uaithí ag gol. Ansin
feiceann Nancy cangarú. Ólann an
cangarú ó bhuicéad. Déanann
Nancy meangadh agus tagann sí go
dtí an cangarú go ciúin. Agus an-
sin...

"Hey!! Cangarú!!" Tosnaíonn
Nancy ag gol agus tarrangaíonn sí
a eireaball. Féachann an ceangarú
ar Nancy le súile leathan oscailte.
Léimeann sé le hionadh ionas go
n-eitlíonn an buicéad le huisce
suas agus titeann sé ar Nancy.
Ritheann uisce síos a gruaig, a
aghaidh agus a gúna. Tá Nancy
fliuch ó bhun go barr.

"Cangarú dána is ea tusa!
Dána!" a bhéiceann sí.

Déanann roinnt daoine mean-
gadh agus deir roinnt daoine: "Cai-
lín bocht." Tógann David Nancy
abhaile.

"Ní cheart duit cuir isteach ar
na hainmithe," arsa David agus tu-
gann sé uachtar reoite di. Itheann
Nancy an t-uachtar reoite.

rennt zu den Löwen und Tigern.
Sie schlägt das Zebra mit ihrer
Puppe. Sie zieht so stark am
Schwanz eines Affen, dass alle
Affen schreiend wegrennen.
Dann sieht Nancy ein Känguru.
Das Känguru trinkt Wasser aus
einem Eimer. Nancy lächelt und
nähert sich dem Känguru lang-
sam. Und dann...

„Hey!!! Kängruu-uu-uu!!",
schreit Nancy und zieht es am
Schwanz. Das Känguru sieht
Nancy mit weit aufgerissenen
Augen an. Vor Schreck macht es
einen Satz, sodass der Wasserei-
mer in die Luft fliegt und auf
Nancy fällt. Wasser läuft über
ihr Haar, ihr Gesicht und ihr
Kleid. Nancy ist ganz nass.

„Du bist ein böses Känguru!
Böse!", ruft sie.

Einige Leute lächeln und ei-
nige Leute sagen: „Armes Mäd-
chen." David bringt Nancy nach
Hause.

„Du darfst die Tiere nicht
ärgern", sagt David und gibt ihr
ein Eis. Nancy isst das Eis.

"OK, ní himreoidh mé le hain-
mhithe an-mhór agus feargach,"
smaoiníonn Nancy. "Ní himreoidh
mé ach le ainmhithe beag amháin".
Tá áthas uirthí arís.

Words

„Okay, ich werde nicht mehr
mit sehr großen und wütenden
Tieren spielen", denkt Nancy.
„Ich werde nur noch mit kleinen
Tieren spielen." Sie ist wieder
glücklich.

Text

16

Paraisiútóirí

Die Fallschirmspringer

 **A**

Focail

Vokabeln

1. a chur ort - anziehen
2. aer - Luft
3. ag titim - fallende
4. ar fheabhas - Super
5. ball - Mitglied
6. bí - sein
7. breith - fangen
8. brístí - Hose
9. buí - gelb
10. ciúin, go ciúin - still
11. cleas - Trick
12. cleas a shábháladh saol - Rettungstrick
13. club - Verein
14. creid - glauben
15. Daidí - Papa, Vati
16. dála an scéil - übrigens
17. déan - tun

18. dearg - rot
19. díon - Dach
20. díreach - nur
21. éadaí - Kleider
22. eile - andere
23. eitleán - Flugzeug
24. féin - eigen
25. fíor - wirkliche
26. foireann - Mannschaft
27. gabh anuas - aussteigen
28. gléas - gekleidet
29. go feargach - wütend
30. in aice - schliessen
31. istigh - hinein
32. lucht féachana - Publikum
33. má - wenn
34. miotal - metall
35. naoi - neun
36. páirt - Teil

37. paraisiút - Fallschirm
38. paraisiútóir - Fallschirmspringer
39. píolóta - Pilot
40. rubar - Gummi
41. sábháil - retten
42. sáigh - drücken
43. saol - Leben
44. seaicéad - Jacke
45. seó aeir - Flugschau
46. stuáilte - ausgestopft
47. suíochán - Sitz
48. talamh - Land
49. tar éis - nach
50. thar - über
51. tithe - gefallen
52. traenáil - trainieren
53. ullmhaigh - vorbereiten

B

An mhaidin atá ann. Tagann Robert do dtí seomra Paul. Tá Paul ag suí ag an mbord agus ag scríobh rud éigin. Tá cat Paul 'Is Fearr' ar leaba Paul. Tá sé ina codladh go ciúin.

"An bhfuil cead agam teacht isteach?" arsa Robert.

Es ist Morgen. Robert kommt in Pauls Zimmer. Paul sitzt am Tisch und schreibt etwas. Pauls Katze Favorite sitzt auf Pauls Bett. Sie schläft ruhig.

„Kann ich reinkommen?", fragt Robert.

"Oh, Robert. Tar isteach le do thoil. Conas atá tú?" a fhreagraíonn Paul.

"Go breá. Go raibh maith agat. Conas atá tú?" arsa Robert.

"Táim go breá. Go raibh maith agat. Suigh síos, le do thoil," a fhreagraíonn Paul.

Suíonn Robert ar chathaoir.

"Mar is eol duit ball do chlub paraisiút is ea mé. Beidh seó aeir ar siúl again inniu," arsa Robert, "Táim chun roinnt léimeanna a dhéanamh ann."

"Tá sé seo an-shuimiúil," a fhreagraíonn Paul, "B'fhéidir go bhfeicfidh mé an seó aeir."

"Má theastaíonn uait go géar is féidir liom tú a thabhairt ann agus is féidir leat eitilt in eitleán," arsa Robert.

"Dáiríre?" Beidh sé sin ar fheabhas!" a bhéiceann Paul, "Cén t-am atá an seó aeir ar siúl?"

Tosnaíonn sé ag a deich a chlog ar maidin," a fhreagraíonn Robert, "Tiocfaidh David chomh maith. Dála an scéile tá cabhair uainn paraisiútóir stuáilte a shá

„Oh, Robert. Komm rein. Wie geht's dir?", antwortet Paul.

„Gut, danke. Und dir?", sagt Robert.

„Danke, auch gut. Setz dich", antwortet Paul.

Robert setzt sich auf einen Stuhl.

„Du weißt doch, dass ich Mitglied in einem Fallschirmspringerverein bin. Wir haben heute eine Flugschau", sagt Robert. „Ich werde ein paar Sprünge machen".

„Das ist interessant", antwortet Paul. „Ich komme vielleicht zuschauen."

„Wenn du willst, kann ich dich mitnehmen und du kannst in einem Flugzeug mitfliegen", sagt Robert.

„Echt? Das wäre super!", ruft Paul. „Um wie viel Uhr ist die Flugschau?"

„Sie fängt um zehn Uhr morgens an", antwortet Robert. „David kommt auch. Übrigens, wir

amach as an n-eitleán. An gcabhróidh tú linn?”

“Paraisiútóir stuáilte? Cén fáth?” arsa Paul le hionadh.

“An dtuigeann tú, páirt don sheó is ea é,” arsa Robert, “Seo cleas a shábháladh saol. Titeann an paraisiútóir stuáilte síos. Ag an am seo eitlíonn paraisiútóir ceart ina threo, beireann sé air agus osclaíonn sé a pharaisiút féin. Tá an “fear” sábháilte!”

“Ar fheabhas!” a fhreagraíonn Paul, “Cabhróidh mé. Ar aghaidh linn!”

Téann Paul agus Robert lasmuigh. Tagann siad go dtí an stad bus Oilimpeach agus tógann siad bus. Ní thógann sé ach deich nóiméad chun dul go dtí an seó aeir. Nuair a ghabhann siad amach an bus feiceann siad David.

“Haileo David,” arsa Robert, “Imeoimid go dtí an t-eitleán.”

Feiceann siad foireann paraisiút ag an n-eitleán. Tagann siad go tí ceann na fóirne. Tá ceann na fóirne gléasta i mbríste dearg agus cóta dearg.

brauchen Hilfe, eine Fallschirmspringerpuppe aus dem Flugzeug zu werfen. Kannst du helfen?”

„Eine Fallschirmspringerpuppe? Warum?“, fragt Paul überrascht.

„Ach, weißt du, das ist ein Teil der Schau“, sagt Robert. „Es ist ein Rettungstrick. Die Puppe fällt herunter. In dem Moment fliegt ein echter Fallschirmspringer zu ihr, fängt sie und öffnet seinen eigenen Fallschirm. Der „Mann“ ist gerettet!“

„Toll!“, antwortet Paul. „Ich helfe. Lass uns gehen!“

Paul und Robert gehen nach draußen. Sie kommen zur Bushaltestelle Olympic und nehmen einen Bus. Es dauert nur zehn Minuten bis zur Flugschau. Als sie aus dem Bus steigen, sehen sie David.

„Hallo David“, sagt Robert. „Lass uns zum Flugzeug gehen.”

Beim Flugzeug sehen sie eine Fallschirmspringermannschaft. Der Führer der Mannschaft hat eine rote Hose und eine rote Jacke an.

"Haileo Martin," arsa Robert, "Tabharfaidh Paul agus David cabhair leis an gcleas a shábhalann saolta."

"OK. Tá an paraisiútóir stuáilte anseo," arsa Martin. Tugann sé an paraisiút stáilte dóibh. Tá an paraisiútóir stuailte gléasta i mbríste dearg agus cóta dearg.

"Tá sé gleasta ar nós tusa," arsa David ag déanamh meangadh i dtreo Martin.

"Níl aon am again chun labhairt faoi," arsa Martin, "Tóg é isteach san eitleán seo."

Tógann Paul agus David an paraisiútóir stuáilte isteach san eitleán. Tógann siad suíocháin ag an bpíolóta. Téann an fhoireann pharaisiút go léir ach a gceann isteach san eitleán. Dúnann siad an doras. I gcúig nóiméad tá an t-eitleán san aer. Nuair a eitlíonn sé thar San Francisco feiceann David a theach féin.

"Féach, tá mo theach ansin!" a bhéiceann David

Féachann Paul tríd an bhfuinneog ar shráideanna,

„Hallo Martin", sagt Robert. „Paul und David helfen beim Rettungstrick."

„Okay. Hier ist die Puppe", sagt Martin. Er gibt ihnen die Fallschirmspringerpuppe. Die Puppe trägt eine rote Hose und eine rote Jacke.

„Sie trägt die gleiche Kleidung wie du", sagt David und grinst Martin an.

„Wir haben keine Zeit, darüber zu reden", sagt Martin. „Nehmt sie mit in dieses Flugzeug."

Paul und David bringen die Puppe ins Flugzeug. Sie setzen sich neben den Piloten. Die ganze Fallschirmspringermannschaft außer ihrem Führer besteigt das Flugzeug. Sie schließen die Tür. Nach fünf Minuten ist das Flugzeug in der Luft. Als es über San Francisco fliegt, sieht David sein Haus.

„Schau! Da ist mein Haus!", ruft David.

Paul sieht aus dem Fenster auf Straßen, Plätze und Parks. Es

cearnóig, agus páirceanna na cathrach. Tá sé go hiontach eitilt in eitleán.

"Ullmhaigh chun léimeadh!" a bhéiceann an píolóta. Seasann na paraisiútóirí suas. Osclaíonn siad an doras.

"Deich, naoi, ocht, seacht, sé, cúig, ceathar, trí, dó, haon. Imigh!" a bheiceann an píolóta.

Tosnaíonn na paraisiútóirí ag léimeadh amach as an n-eitleán. Feiceann an lucht féachana síos ar an dtalamh paraisiútanna dearg, glas, bán, gorm, buí. Féachann sé an-dheas. Tá Martin, ceann na fóirne paraisiút, ag féachaint suas chomh maith. Tá na paraisiútóirí ag eitilt síos agus tá cuid dóibh ag landáil cheana féin.

"OK. Sár obair gach éinne," arsa Martin agus imíonn sé go caife i gcóngar chun caife a ól. Leanaíonn an seó aeir ar aghaidh.

"Ullmhaigh don chleas a shábhaladh saol!" a bhéiceann an píolóta.

Tógann David agus Paul an paraisiút stuáilte go dtí an doras.

ist toll, in einem Flugzeug zu fliegen.

„Zum Sprung bereit machen!", ruft der Pilot. Die Fallschirmspringer stehen auf. Sie öffnen die Tür.

„Zehn, neun, acht, sieben, sechs, fünf, vier, drei, zwei, eins! Los!", ruft der Pilot.

Die Fallschirmspringer beginnen, aus dem Flugzeug zu springen. Das Publikum auf dem Boden sieht rote, grüne, weiße, blaue und gelbe Fallschirme. Es sieht sehr schön aus. Martin, der Führer der Mannschaft, schaut auch nach oben. Die Fallschirmspringer fliegen nach unten und einige landen bereits.

„Okay, gute Arbeit, Jungs", sagt Martin und geht in ein Café in der Nähe, um Kaffee zu trinken. Die Flugschau geht weiter.

„Für den Rettungstrick bereit machen!", ruft der Pilot.

David und Paul bringen die Puppe zur Tür.

"Deich, naoi, ocht, seacht, sé , cúig, ceathar, trí, dó, haon. Imigh!" a bhéiceann an piolóta.

Sánn Paul agus David an paraisiútóir stuáilte tríd an ndoras. Téann sé amach ach ansin stopann sé. Breitheann a 'lámh' rubar ar pháirt éigin miotal don eitleán.

"Imigh-imigh a bhuachaillí!" a bhéiceann an píolóta.

Sánn na buachaillí an paraisiút stuáilte go laidir ach ní féidir leo é a chaitheamh amach.

Feiceann an lucht féachana ar an dtalamh fear gléasta i ndearg ag doras an eitleáin. Tá beirt fhir eile ag iarraidh é a shá amach. Ní feidir le daoine a súile a chreidiúnt. Leanaíonn sé ar aghaidh ar feadh nóiméid. Ansin titeann an paraisiutóir i ndearg síos. Titeann sé isteach tríd an ndíon taobh istigh don chaife. Féachann an lucht féachana go ciúin. Ansin feiceann na daoine fear gléasta i ndearg rith lasmuigh don chaife. Is é Martin an fear seo i ndearg, ceann na fóirne paraisiút. Ach ceapann an lucht féachana gurb é siúd an

„Zehn, neun, acht, sieben, sechs, fünf, vier, drei, zwei, eins! Los!", ruft der Pilot.

Paul und David stoßen die Puppe aus der Tür. Sie fällt heraus, bleibt dann aber hängen. Ihre Gummihand ist an einem Metallteil des Flugzeugs hängen geblieben.

„Los, auf, Jungs!", ruft der Pilot.

Die Jungs ziehen mit aller Kraft an der Puppe, aber sie bekommen sie nicht los.

Das Publikum unten auf dem Boden sieht einen Mann in Rot gekleidet in der Flugzeugtür. Zwei andere Männer versuchen, ihn herauszustoßen. Die Leute trauen ihren Augen nicht. Es dauert etwa eine Minute. Dann fällt der Fallschirmspringer in Rot nach unten. Ein anderer Fallschirmspringer springt aus dem Flugzeug und versucht, ihn zu fangen. Aber er schafft es nicht. Der Fallschirmspringer in Rot fällt weiter. Er fällt durch das Dach in das Café. Das Publikum sieht schweigend zu. Dann sehen die Leute einen in rot gekleideten Mann aus dem Café rennen. Der Mann in Rot ist Martin, der Füh-

paraisiútóir a bhí ag titim. Féachann sé suas agus béiceann sé go feargach, "Muna bhféidir leat fear a bhreith mar sin ná triail!" Tá an lucht féachana ciún.

"Daidí, tá an fear seo an-láidir", arsa cailín beag lena hathair.

"Tá sé traenálta go maith," a fhreagraíonn an t-athair.

Tar éis an sheó téann Paul agus David go dtí Robert.

"Conas atá ár gcuid oibre?" a cheistíonn David.

"Ah...Oh, tá sé an-mhaith. Go raibh maith agat," a fhreagraíonn Robert.

"Má thá cabhair uait ní gá duit ach rud éigin a rá," arsa Paul.

Words

rer der Fallschirmspingermannschaft. Aber das Publikum denkt, dass er der abgestürzte Fallschirmspringer ist. Er schaut nach oben und ruft wütend: „Wenn ihr einen Mann nicht fangen könnt, dann versucht es nicht!"

Das Publikum ist still.

„Papa, dieser Mann ist sehr stark", sagt ein kleines Mädchen zu ihrem Vater.

„Er ist gut trainiert", antwortet der Vater.

Nach der Flugschau gehen David und Paul zu Robert.

„Wie war unsere Arbeit?", fragt David.

„Ähm...Oh, sehr gut. Danke", antwortet Robert.

„Wenn du Hilfe brauchst, sag es einfach", sagt Paul.

Text

17

Cas Amach an Gás!

Mach das Gas aus!

A

Focail

Vokabeln

1. aisteach - fremd
2. aon-dhéag - elf
3. bog - warm, erwärmen
4. braistint, braith - Gefühl
5. cas - drehen
6. cas amach - ausschalten
7. cas ar siúl - anmachen
8. cé - wer
9. ceapaire - Sandwich
10. ciliméadar - Kilometer
11. citeal - Kessel
12. cúramach - vorsichtig
13. daichead a ceathar - vierundvierzig
14. dearmad - vergessen
15. faidh (briathar) - werden
16. fáinne - klingeln
17. fiche - zwanzig
18. gach rud - alles
19. gás - Gas
20. go tobann - plötzlich
21. guth - Stimme
22. idir an dá linn - inzwischen

23. láithreach - sofort

24. líon suas - auffüllen

25. maireachtaint - wohnhaft

26. mar sin - so, deshalb

27. mílitheach - blass

28. naíscoil - Kindergarten

29. ord - befehlen

30. puiscín - Katze

31. rá, abair - sagen

32. reo - erstarren

33. rúnaí - Sekretärin

34. sás láimhe fón - Telefonhörer

35. scap - übergreifen

36. sconna - Wasserhahn

37. sleamhain, gl sleamhnach - schlau

38. stáisiún traenach - Bahnhof

39. tapaigh, go tapaigh - schnell

40. téamh suas - erwärmen

41. ticéad - Fahrkarte

42. tine - Feuer

43. traein - Zug

44. tráth - Moment

B

Seacht a chlog ar maidin atá ann. Ta David agus Nancy ina gcodladh. Tá a máthair sa chistin. Linda an t-ainm atá ar an máthair. Tá Linda ceithre bhliain is daichead d'aois. Bean an-chúramach is ea í. Glanann Linda an chistin sara dtéann sí ag obair. Rúnaí is ea í. Oibríonn sí fiche ciliméadar ó San Franscisco. De ghnáth tógann Linda an traein chun dul ag obair.

Téann sí lasmuigh. Tá an stáisiún traenach in aice léi, mar sin téann Linda ann ar chos. Ceanaíonn sí ticéad agus téann sí ar an dtraein. Tógann sé timpeall

Es ist sieben Uhr morgens. David und Nancy schlafen. Ihre Mutter ist in der Küche. Die Mutter heißt Linda. Linda ist vierundvierzig. Sie ist eine sorgfältige Frau. Linda putzt die Küche, bevor sie zur Arbeit geht. Sie ist Sekretärin. Sie arbeitet zwanzig Kilometer außerhalb von San Francisco. Linda fährt normalerweise mit dem Zug zur Arbeit.

Sie geht nach draußen. Der Bahnhof ist in der Nähe, deswegen geht Linda zu Fuß dorthin. Sie kauft eine Fahrkarte und

fiche nóiméad chun dul go hobair. Suíonn Linda sa thraein agus féachann sí amach an bhfuinneog.

Go tobann, reoinn sí. An citeal! Tá sé ina sheasamh ar an gcócaireán agus rinne sí dearmad an gás a chasadh amach! Tá David agus Nancy ina gcodladh. Is féidir leis an dtine scapadh ar throscáin agus ansin...Tagann mílitheach ar haghaidh Linda. Ach cailín cliste is ea í agus i gceann nóiméad tá a fhios aici cad a cheart di a dhéanamh. Fiafraíonn sí de bhean agus fear, atá ag suí in aice léi, chun glaoch a chuir ar a teach agus chun a rá le David faoin gciteal.

Idir an dá linn, éiríonn David, glanann sé é féin agus téann sé go dtí an chistin. Tógann sé an citeal ón mbord., líonann sé é le huisce agus cuireann sé é ar an gcócaireán. Ansin tógann sé arán agus ím agus déanann sé ceapairí.

Tagann Nancy isteach sa chistin.

"Cá bhfuil mo phuiscín?" a cheistíonn sí.

"Níl a fhios agam," a fhreagraionn David. "Téir go dtí an

steigt ein. Es dauert etwa zwanzig Minuten bis zu ihrer Arbeit. Linda sitzt im Zug und schaut aus dem Fenster.

Plötzlich erstarrt sie. Der Kessel! Er steht auf dem Herd und sie hat vergessen, das Gas auszumachen. David und Nancy schlafen. Das Feuer kann auf die Möbel übergreifen und dann... Linda wird blass. Aber sie ist eine intelligente Frau und kurz darauf weiß sie, was zu tun ist. Sie bittet eine Frau und einen Mann, die neben ihr sitzen, bei ihr zu Hause anzurufen und David über den Kessel zu informieren.

In der Zwischenzeit steht David auf, wäscht sich und geht in die Küche. Er nimmt den Kessel vom Tisch, füllt ihn mit Wasser und stellt ihn auf den Herd. Dann nimmt er Brot und Butter und macht Butterbrote.

Nancy kommt in die Küche.

„Wo ist meine kleine Miezekatze?", fragt sie.

„Ich weiß es nicht", antworte David. „Geh ins Bad und wasch dein Gesicht. Wir trinken

leithreas agus glan d'aghaigh. Ól-
faimid roinnt té agus íosfaimid
roinnt ceapairí anois. Ansin tóg-
faidh mé tú go dtí an naíscoil."

Ní theastaíonn ó Nancy gla-
nadh. "Ní féidir liom an t-uisce ón
sconna a chuir ar siúl," ar sise go
sleamhnach.

"Cabhróidh mé leat," arsa a
deartháir. Ag an dtráth seo
bualann an fón. Ritheann Nancy go
tapaigh go dtí an fón agus tógann
sí an sás láimhe.

"Haileo, is é seo an zú. Agus cé
hé tusa?" ar sise. Tógann David an
sás láimhe uaithi agus deir sé,
"Haileo, is é seo David."

"An tusa David Tweeter a
mhaireann ag aon déag Sráid na
Banraíona?" a cheistíonn guth
bean aisteach.

"Sea," a fhreagraíonn David go
láithreach.

"Téir go dtí an chistin
láithreach agus cas amach an gás!"
a bhéiceann an bhean.

"Cé hé tusa?" Cén fáth gur
chóir dom an gás a chasadh
amach?" arsa David le hionadh.

jetzt Tee und essen Brote. Dann
bring ich dich in den Kindergar-
ten."

Nancy will sich nicht wa-
schen. „Ich kann den Wasser-
hahn nicht anmachen", sagt sie
schlau.

„Ich helfe dir", sagt ihr Bru-
der. In diesem Moment klingelt
das Telefon. Nancy rennt schnell
zum Telefon und nimmt den Hö-
rer ab.

„Hallo, hier ist der Zoo. Und
wer ist da?", sagt sie. David
nimmt ihr den Hörer weg und
sagt: „Hallo, David hier."

„Bist du David Tweeter,
wohnhaft in der Queen Straße
elf?", fragt die Stimme einer
fremden Frau.

„Ja", antwortet David.

„Geh sofort in die Küche und
mach das Gas aus", ruft die
Stimme der Frau.

„Wer sind Sie? Warum soll
ich das Gas ausmachen?", fragt
David überrascht.

"Déan anois é!" a ordaíonn an guth.

Casann David an gás amach. Féachann Nancy agus David ar an gciteal le hionadh.

"Ní thuigim," arsa David. "Conas go bhfuil a fhios ag an mbean seo go n-ólfaimid té?"

"Tá ocras orm," arsa a dheirfiúr, "Cathain a íosfaimid?"

"Tá ocras orm chomh maith," arsa David agus casann sé an gás ar siúl arís. Ag an nóiméad seo bualann an fón arís.

"Haileo," arsa David.

"An tusa David Tweeter a mhaireann ar aon déag Sráid na Banraíona?" a cheistíonn guth fear aisteach.

"Is sea," a fhreagraíonn David.

"Cas amach gás an chócaireáin láithreach! Bí cúramach!" a órdaíonn an guth.

"OK," arsa David agus casann sé amach an gás arís.

"Rachfaimid go dtí an naíscoil," arsa David le Nancy agus é ag

„Mach es jetzt!", befielt die Stimme.

David macht das Gas aus. Nancy und David sehen verwundert auf den Kessel.

„Ich verstehe das nicht", sagt David. „Woher weiß diese Frau, dass wir Tee trinken wollten?"

„Ich habe Hunger", sagt seine Schwester. „Wann essen wir?"

„Ich habe auch Hunger", sagt David und macht das Gas wieder an. In diesem Moment klingelt das Telefon wieder.

„Hallo", sagt David.

„Bist du David Tweeter, wohnhaft in der Queen Straße elf?", fragt die Stimme eines fremden Mannes.

„Ja", antwortet David.

„Mach sofort das Gas aus! Sei vorsichtig!", befiehlt die Stimme.

„Okay", sagt David und macht das Gas wieder aus.

„Lass uns in den Kindergarten gehen", sagt David zu Nancy

braith nach mbeidh siad ag ól té inniu.

"No, tá roinnt té agus arán le hím uaim," arsa Nancy go feargach.

"Bhuel, trialfaimid an citeal a théamh suas arís," arsa a deartháir agus casann sé an gás ar siúl arís.

Bualann an fón agus an babhta seo órdaíonn a máthair an gás a chasadh amach. Ansin míníonn sí gach rud. Ar deireadh ólann Nancy agus David té agus téann siad go dtí an naíscoil.

in dem Gefühl, dass sie heute keinen Tee trinken werden.

„Nein. Ich will Tee und Brot mit Butter", sagt Nancy wütend.

„Gut, lass uns versuchen, den Kessel wieder zu wärmen", sagt ihr Bruder und stellt das Gas an.

Das Telefon klingelt und dieses Mal befiehlt ihre Mutter, das Gas abzustellen. Dann erklärt sie alles. Endlich trinken Nancy und David Tee und gehen in den Kindergarten.

Words

Text

18

Gnólacht jabanna

Eine Arbeitsvermittlung

 **A**

Focail

Vokabeln

1. a mholadh - empfehlen
2. ag an am céanna - gleichzeitig
3. ag foilsiú - Verlag
4. ag rith - *hier* führen
5. aithníonn siad a chéile - sich kennen
6. aontaigh - einverstanden
7. baile - Stadt
8. bhí - war
9. cábla - Kabel
10. chomh maith - auch
11. cinnte - sicher
12. comhairleach - Berater
13. crith - zittern
14. cuiditheoir - Helfer
15. cúig déag - fünfzehn
16. dáiríre - ernst

17. éist go cúramach - genau zuhören
18. gach - alle
19. géag - Arm
20. go cúramach - sorgfältig
21. imní - sich einen Kopf machen
22. in aghaidh na huaire - pro Stunde
23. ina (h)aonar - individuell
24. láidir, go láidir - stark
25. leath - halb
26. leictreach - elektrisch
27. liath - grau
28. lig - lassen
29. mar - da
30. mar an gcéanna - das Gleiche
31. marfach - tödlich
32. Ná biodh imní ort! - Keine Sorgen!
33. obair intinne - Kopfarbeit
34. obair láimhe - Handarbeit
35. ríocht - Stelle
36. scéal - Geschichte
37. seasca - sechzig
38. sruth - Strom
39. taithí - Erfahrung
40. téigh i gcomhairle - beraten
41. tocht - Matratze
42. trína chéile - verwirrt
43. uimhir - Nummer
44. urlár - Boden

B

Lá amháin téann Paul go seomra Robert agus feiceann sé a chara ag luí ar an leaba ag crith. Feiceann Paul roinnt cáblaí leictreach ag rith ó Robert go dtí an citeal leicteach. Creideann Paul go bhfuil Robert faoi shruth leictreach. Téann sé go dtí an leaba go tapaigh, tógann sé an tocht agus targaíonn sé é go láidir. Titeann Robert go dtí an t-urlár. Ansin seasann sé suas

Eines Tages kommt Paul in Roberts Zimmer und sieht seinen Freund zitternd auf dem Bett liegen. Paul sieht einige Stromkabel, die von Robert zum Wasserkocher führen. Paul glaubt, dass Robert einen tödlichen Stromschlag abbekommen hat. Er geht schnell zum Bett, nimmt die Matratze und zieht stark daran. Robert fällt auf den Boden. Dann steht er

agus féachann sé ar Robert le hionadh.

"Céard ab ea é sin?" a cheistíonn Robert.

"Bhí tú ar shruth leicreach," arsa Paul.

"No, bhí mé ag éisteacht le ceol," arsa Robert agus taispeánann sé a sheinnteoir dlúthdhioscaí dó.

"Oh, tá brón orm," arsa Paul. Tá sé trína chéile.

"Tá sé sin OK. Ná bíodh imní ort," a fhreagraíonn Robert ag glandadh a bhríste go ciúin.

"Téann mé féin agus David go dtí gnólacht jabanna. An dteastaíonn uait teacht linn?" a cheistíonn Paul.

"Cinnte. Rachfaimid le chéile," arsa Robert.

Téann siad lasmuigh agus tógann siad bus uimhir a seacht. Tógann sé timpeall cúig nóiméad déag dóibh dul go dtí an gnólacht jabanna. Ta David ann cheana féin. Téann siad isteach sa fhoirgneamh. Ta ciú fada go dtí oifig an ghnóthlachta jabanna. Seasann siad sa chiú. I gceann leath uair an chloig téann siad isteach san oifig. Tá bord

auf und sieht Paul verwundert an.

„Was war das denn?", fragt Robert.

„Du standest unter Strom", sagt Paul.

„Nein, ich habe Musik gehört", sagt Robert und zeigt auf seinen CD-Spieler.

„Oh, Entschuldigung", sagt Paul. Er ist verwirrt.

„Schon gut, mach dir keinen Kopf", sagt Robert ruhig und macht seine Hose sauber.

„David und ich gehen zu einer Arbeitsvermittlung. Willst du mitkommen?", fragt Paul.

„Klar, lass uns zusammen gehen", sagt Robert.

Sie gehen nach draußen und nehmen den Bus Nummer 7. Sie brauchen etwa fünfzehn Minuten bis zur Arbeitsvermittlung. David ist schon dort. Sie betreten das Gebäude. Vor dem Büro der Arbeitsvermittlung ist eine lange Schlange. Sie stellen sich an. Nach einer halben Stunde betreten sie das Büro. Im Zimmer sind ein Stuhl und

agus roinnt leabhragán sa sheomra. Tá fear liath ag suí ag an mbord. Tá sé thart ar seasca bliain d'aois.

"Tar isteach buachaillí!" ar seisean go cairdiúil, "Tóg bhur suíocháin, le bhur dtoil."

Suíonn David, Robert agus Paul síos.

"George Estimator is ainm dom. Comhairleoir jabanna is ea mé. De ghnáth labhraim le cuairteoirí ina aonar. Agus toisc gur dhaltaí sibh go léir agus tá aithin agaibh ar a chéile is féidir liom comhairle a thabhairt daoibh go léir le chéile. An n-aontaíonn sibh?"

"Aontaím a Uasail," arsa David, "Tá trí no ceithre uair an chloig d'am saor againn gach lá. Caithfimid jabanna a aimsiú don am sin, a Uasail."

"Bhuel, tá roinnt jabanna agam do dhaltaí. Agus bain uait do sheinnteoir," arsa an tUasal Estimator le Robert.

"Is féidir liom éisteach leat agus ceol ag an am céanna," arsa Robert.

ein paar Bücherregale. Am Tisch sitzt ein grauhaariger Mann. Er ist etwa sechzig.

„Kommt rein, Jungs", sagt er freundlich. „Setzt euch, bitte".

David, Robert und Paul setzen sich.

„Ich bin Georg Estimator. Ich bin Arbeitsberater. Normalerweise spreche ich einzeln mit Besuchern. Aber da ihr alle Studenten seid und euch kennt, kann ich euch zusammen beraten. Seid ihr einverstanden?"

„Ja", sagt David. „Wir haben drei, vier Stunden frei pro Tag. Wir brauchen für diese Zeit einen Job."

„Gut, ich habe ein paar Jobs für Studenten. Und du, mach deinen CD-Spieler aus", sagt Herr Estimator zu Robert.

„Ich kann gleichzeitig Ihnen zuhören und Musik hören", sagt Robert.

"Má thá jab uait go dáiríre bain uait an seinnteoir agus éist go cúramach le cad atá le rá agam," arsa an tUasal Estimator, "Anois a bhuachailli abair cén saghas jab atá ag teastaíl uaibh? An bhfuil obair intinne nó obair láimhe uaimh?"

"Is feidir liom aon shaghas oibre a dhéanamh," arsa Paul, "Táim láidir. An dteastaíonn uait géagáil?" ar seisean agus cuireann sé a ghéag ar bhord an tUasal Estimator.

"Ní club spóirt atá anseo ach má theastaíonn uait..." arsa an tUasal Estimator. Cuireann sé a ghéag ar an mbord agus sánn sé géag Paul síos go tapaigh, "Mar a chíonn tú, a mhac, ní mhór duit a bheith láidir ach cliste chomh maith."

"Is féidir liom obair intinne a dhéanamh chomh maith, a Uasail," arsa Paul arís. Teastaíonn uaidh jab a fháil go mór. "Is féidir liom scéalta a scríobh. Tá scéalta agam faoi mo bhaile dúchais."

"Tá sé seo an-shuimiúil," arsa an tUasal Estimator. Tógann sé bileog do pháipéar. "Tá cuiditheoir óg ag teastáil don theach foilseacháin

„Wenn du ernsthaft einen Job willst, mach die Musik aus und hör mir genau zu", sagt Herr Estimator. „Also, was für einen Job wollt ihr denn. Wollt ihr Hand- oder Kopfarbeit?

„Ich kann jede Arbeit machen", sagt Paul. „Ich bin stark. Wollen Sie es testen?", fragt er und stützt seinen Arm auf Herrn Estimators Tisch auf.

„Das hier ist kein Sportverein, aber wenn du willst...", sagt Herr Estimator. Er stützt seinen Arm auf den Tisch auf und drückt Pauls Arm schnell nach unten. „Wie du siehst, musst du nicht nur stark, sondern auch schlau sein."

„Ich kann auch Denkarbeit machen", sagt Paul. Er will unbedingt einen Job. „Ich kann Geschichten schreiben. Ich habe ein paar Geschichten über meine Heimatstadt."

„Das ist sehr interessant", sagt Herr Estimator. Er greift nach einem Blatt Papier. „Der Verlag „All-Round" braucht einen jungen Helfer als Schreiber.

"Ildánach" i gcomhair ríocht scríbhneora. Íocann siad naoi ndollar in aghaidh na huaire."

"Cúl!" arsa Paul, An bhféidir liom triail a bhaint as?"

"Cinnte. Seo a uimhir fón agus a seoladh," arsa an tUasal Estimator agus tugann sé bileog pháipéar do Phaul.

"Agus is féidir libh jab a phiocadh ar fheirm, i ngnólacht ríomhaire, i nuachtán nó in ollmhargadh. Toisc nach bhfuil aon thaithí agaibh mholfainn daoibh tosnú ag obair ar fheirm. Tá beirt oibrí uathu," arsa an tUasal Estimator le David agus Robert.

"Cé méid a íocann siad?" a cheistíonn David.

"Lig dom féachaint..." féachann an tUasal Estimator isteach ina ríomhaire, "Ta oibrithe ag teastáil uathu ar feadh trí nó ceithre uair an chloig in aghaidh an lae agus íocann siad seacht ndollar in aghaidh na huaire. Laethanta saor is ea Dé Sathairn agus an Domhnach. An n-aontaíonn sibh?" a cheistíonn sé.

"Aontaim," arsa David.

Sie zahlen neun Dollar pro Stunde."

„Super", sagt Paul. „Kann ich das versuchen?"

„Natürlich. Hier sind Telefonnummer und Adresse", sagt Herr Estimator und gibt Paul ein Blatt Papier.

„Und ihr Jungs könnt zwischen einem Job auf einem Bauernhof, in einer Computerfirma, bei einer Zeitung oder im Supermarkt wählen. Da ihr keine Erfahrung habt, empfehle ich euch, mit der Arbeit auf dem Bauernhof anzufangen. Sie brauchen zwei Arbeiter", sagt Herr Estimator zu David und Robert.

„Wie viel zahlen sie?", fragt David.

„Mal sehen..." Herr Estimator schaut auf den Computer. „Sie brauchen Arbeiter für drei oder vier Stunden am Tag und zahlen sieben Dollar pro Stunde. Samstag und Sonntag sind frei. Seid ihr einverstanden?", fragt er.

„Ja, bin ich", sagt David.

"Aontaim chomh maith," arsa Robert.

"Bhuel. Tóg an t-uimhir fóin agus seoladh na feirme," arsa an tUasal Estimator agus tugann sé bileog pháipéar dóibh.

"Go raibh maith agat, a Uasail," arsa na buachaillí agus téann siad lasmuigh.

Words

„Ich auch", sagt Robert.

„Gut, nehmt die Telefonnummer und die Adresse des Bauernhofs", sagt Herr Estimator und gibt ihnen eine Blatt Papier.

„Dankeschön, Herr Estimator", sagen die Jungs und gehen nach draußen.

Text

19

Glanann David agus Robert an thrucail
(páirt a haon)

David und Robert waschen den Laster (Teil 1)

A

Focail
Vokabeln

1. ag snámháil - *hier* treiben
2. ar dtús - anfangs
3. ar feadh - entlang
4. bád - Schiff
5. bain amach - ankommen
6. bosca - Kiste
7. bóthar - Straße
8. ceadúnas tiománaí - Führerschein
9. ceathrú - vierte
10. céim - Schritt
11. cladach - Küste
12. clós - Hof
13. coscán - Bremse

14. cúigiú - fünfte

15. dara - zweite

16. deichiú - zehnte

17. díluchtaigh - abladen

18. fada - weit

19. fan - warten

20. farraige - Meer

21. fostaitheoir - Arbeitgeber

22. gar - nah

23. glan - putzen, waschen

24. go leor - ganz, ziemlich

25. go mall - langsam

26. gort - Feld

27. inneall - Motor

28. láidreacht - Kraft

29. méadar - Meter

30. measaín - Maschine

31. mír - Menge

32. na coscáin a theannadh - zu bremsen

33. naoú - neunte

34. níos faide - weiter

35. níos giorre - näher

36. níos mó - größer

37. ochtú - achte

38. oiriúnach - geeignet

39. pitseáil - schaukeln

40. roth - Rad

41. rothanna chun tosaigh - Vorderräder

42. seachtú - siebte

43. seiceáil - prüfen

44. séú - sechste

45. síol - Samen

46. tonn - Welle

47. tosach - vorne, beginnen

48. tríú - dritte

49. ualach - laden

50. úinéir - Eigentümer

51. úsáid - verwenden

B

Tá David agus Robert ag obair ar an bhfeirm anois. Oibríonn siad ar feadh trí nó ceithre uair an chloig gach lá. Tá an obair cruaigh go leor. Tá orthu an-chuid oibre a dhéanamh gach lá. Glanann siad clós na feirme gach dara lá. Glanann siad measaíní na feirme gach triú lá. Gach ceathrú lá oibríonn siad i ngortanna na feirme.

David und Robert arbeiten jetzt auf einem Bauernhof. Sie arbeiten drei, vier Stunden am Tag. Die Arbeit ist ziemlich schwer. Sie müssen jeden Tag viel arbeiten. Sie machen den Hof jeden zweiten Tag sauber. Sie putzen die Maschinen jeden dritten Tag. Jeden vierten Tag arbeiten sie auf den Feldern.

Daniel Tough is ainm dona bhfostaitheoir. Is é an tUasal Tough úinéir na feimre agus déanann sé an cuid is mó don obair. Oibríonn an tUasal Tough go cruaigh. Tugann sé an-chuid oibre do David agus Robert chomh maith.

"Hey, a bhuachaillí, críochnaigh ag glanadh na measainí, tóg an thrucail agus téir go dtí an gnólacht iompartha Rapid," arsa an tUasal Tough, "Tá ualach acu dom. Ualaigh na boscaí leis an síol sa thrucail, tóg iad go dtí an fheirm, agus dí-luchtaigh i gclós na feirme. Déan é go tapaigh mar caithfidh mé an síol a úsáid inniu. Agus ná déan dear-mad an thrucail a ghlanadh".

"OK," arsa David. Críochnaíonn siad ag glanadh agus téann siad is-teach sa thrucail. Tá ceadúnas tiománaí ag David mar sin tiomá-nann sé an thrucail. Tosnaíonn sé an t-inneall agus tiománann sé go mall ar dtús tríd clós na feirme , agus ansin go tapaigh ar feadh an bhóthair. Nil an gnólacht iompartha Rapid ró-fhada ón bhfeirm. Bai-neann siad an áit amach i gcúig nóiméad déag. Féachann siad i

Ihr Arbeitgeber heißt Da-niel Tough. Herr Tough ist der Besitzer des Bauernhofs und macht die meiste Arbeit. Herr Tough arbeitet sehr hart. Er gibt David und Robert auch viel Arbeit.

„Hey Jungs, macht die Ma-schinen fertig sauber und fahrt dann mit dem Laster zur Trans-portfirma Rapid", sagt Herr Tough. „Sie haben eine Ladung für mich. Ladet die Kisten mit dem Saatgut auf den Laster, bringt sie zum Bauernhof und ladet sie auf dem Hof ab. Beeilt euch, denn ich brauche das Saatgut heute. Und vergesst nicht, den Laster zu waschen."

„Okay", sagt David. Sie ma-chen die Maschine fertig sauber und steigen in den Laster. Da-vid hat einen Führerschein, deswegen fährt er. Er macht den Motor an, fährt erst lang-sam durch den Hof und dann schnell die Straße entlang. Die Transportfirma Rapid ist nicht weit vom Bauernhof. Sie kom-

gcomhair an doras ualaigh uimhir a
deich ann.

Tiománann David an thrucail
go cúramach tríd clós an ualaigh.
Téann siad thar an chéad doras ua-
laigh, thar an dara doras ualaigh,
thar an triú, thar an ceathrú, thar
an cúigiú, thar an séú, thar an
seachtú, thar an ochtú, ansin thar
an naoú doras ualaigh. Tiománann
David go dtí an deichiú doras ua-
laigh agus stopann sé.

"Caithfimid an liosta ualaigh a
sheiceáil ar dtús," arsa Robert ina
bhfuil taithí aige cheana féin le lios-
taí ualaigh ag an gnólacht iom-
partha seo. Téann sé go dtí an t-ua-
lathóir a oibrionn ag an ndoras
agus tugann sé an liosta ualaigh dó.
Ualaíonn an t-ualathóir cúig bhosca
go tapaigh ar a dtrucail. Seiceálann
Robert na boscaí go cúramach. Tá
uimhreacha ón liosta ualaigh ag na
huimhreacha go léir ar na boscaí.

"Ta na huimhreacha i gceart. Is
féidir linn imeacht anois," arsa Rob-
ert.

"OK," arsa David agus tos-
naíonn sé an t-inneall, "Is dóigh
liom go bhfeidir linn an thrucail a

men dort nach fünfzehn Minu-
ten an. Dort suchen sie die Ver-
ladetür Nummer zehn.

David fährt den Laster vor-
sichtig über den Hof. Sie fahren
an der ersten Verladetür vor-
bei, an der zweiten, an der drit-
ten, an der vierten, an der fünf-
ten, an der sechsten, an der
siebten, an der achten und
dann an der neunten. David
fährt zur zehnten Verladetür
und hält an.

„Wir müssen erst die Lade-
liste kontrollieren", sagt Ro-
bert, der schon Erfahrung mit
den Ladelisten in dieser Firma
hat. Er geht zum Verlader, der
an der Tür arbeitet, und gibt
ihm die Ladeliste. Der Verlader
lädt schnell fünf Kisten in ihren
Laster. Robert kontrolliert die
Kisten sorgfältig. Alle Kisten
haben Nummern von der Lade-
liste.

„Die Nummern stimmen.
Wir können jetzt gehen", sagt
Robert.

„Okay", sagt David und
macht den Motor an. „Ich
denke, wir können jetzt den

ghlanadh anois. Tá áit oiriúnach nach bhfuil ró-fhada ón ait seo".

I gceann cúig nóiméad baineann siad an cladach amach.

"An dteastaíonn uait an thrucail a ghlanadh anseo?" a cheistíonn Robert le hionadh.

"Cinnte! Áit deas is ea é, nach ea?" arsa David.

"Agus cá dtógfaimid buicéad?" a cheistíonn Robert.

"Níl aon bhuicéad in aon chor uainn. Tiománfaidh mé an-ghar don fharraige. Tógfaimid an t-uisce ón bhfarraige," arsa David agus tiománann sé an-ghar don uisce. Téann na rothanna chun tosaigh isteach san uisce agus ritheann na tonnta thar iad.

"Rachfaimid amach agus tosnóimid ag glanadh," arsa Robert.

"Fan nóiméad. Tiománfaidh mé beagán níos giorre," arsa David agus tiománann sé meadar nó dhó níos faide, "Tá sé níos fearr anois."

Ansin tagann tonn nios mó agus árdaíonn an t-uisce an thrucail beagán agus iomparaíonn sé í go

Laster waschen. Nicht weit von hier ist ein passender Ort".

Nach fünf Minuten kommen sie an die Küste.

„Willst du den Laster hier waschen?", fragt Robert überrascht.

„Ja! Schöner Platz, nicht?", sagt David.

„Und woher bekommen wir einen Eimer?", fragt Robert.

„Wir brauchen keinen Eimer. Ich fahre ganz nah ans Meer. Wir nehmen das Wasser aus dem Meer", sagt David und fährt ganz nah ans Wasser. Die Vorderräder stehen im Wasser und die Wellen umspülen sie.

„Lass uns aussteigen und anfangen, zu waschen", sagt Robert.

„Warte kurz, ich fahre noch etwas näher ran", sagt David und fährt ein, zwei Meter weiter. „So ist es besser".

Da kommt eine größere Welle und das Wasser hebt den Laster ein bisschen nach oben

mall níos faide isteach san fhar-
raige.

"Stad! David, stad an thrucail!"
a bhéiceann Robert, "Táimid istigh
san uisce cheana féin! Stad le do
thoil!"

"Ní stopfaidh sí!!" a bhéiceann
David ag teannadh na coscáin lena
neart ar fad, "Ni féidir liom í a
stopadh!!"

Tá an thrucail ag snámháil go
mall níos faide isteach san fhar-
raige ag pitseáil ar na tonnta ar nós
bádín.

(le leanúint)

Words

und trägt ihn langsam weiter
ins Meer.

„Stopp! David, halte den
Laster an!", ruft Robert. „Wir
sind schon im Wasser! Bitte,
halte an!"

„Er hält nicht an!", ruft Da-
vid und tritt mit aller Kraft die
Bremse. „Ich kann ihn nicht an-
halten."

Der Laster treibt langsam
weiter aufs Meer und schaukelt
auf den Wellen wie ein kleines
Schiff.

(Fortsetzung folgt)

Text

20

Glanann David agus Robert an thrucail
(páirt a dó)

David und Robert waschen den Laster (Teil 2)

A

Focail
Vokabeln

1. a - liebe
2. ag snámháil - schwimmen
3. airgead - Geld
4. amárach - morgen
5. ar dheis - rechts
6. athshlánaigh - *hier* gesund pflegen
7. athshlánú - Rehabilitation
8. bain taitneamh as - Spaß haben
9. bhí - waren
10. bliain ó shin - vor einem Jahr
11. cás - Situation
12. cladach - Ufer
13. clé - links

14. cothú - füttern
15. cuir in iúl do - informieren
16. dúnmharfóir - Killer
17. éan - Vogel
18. fiche cúig - fünfundzwanzig
19. gáire - lachen
20. gaoth - Wind
21. ghlan - gesäubert
22. grianghraf - Foto
23. iontach - wunderbar
24. iriseoir - Journalist
25. leanúnach - beständige
26. mar shampla - zum Beispiel
27. míol mór - Wal
28. ó shin - vor
29. ola - Öl
30. óráid - Rede
31. riamh - nie
32. sampla - Beispiel
33. saoraigh - freisetzen
34. searmanas - Feier
35. seirbhís tarrthála - Rettungsdienst
36. slog - verschlucken
37. smacht, rial - kontrollieren
38. snámh - schwimmen
39. sruth - Fluss
40. stiúir - lenken
41. tabhair an bóthar do - feuern
42. tancaer - Tanker
43. tárlaigh - passieren
44. tarrtháil - retten
45. thárla - passiert
46. theastaigh - wollten
47. timpiste - Unfall

 **B**

Tá an thrucail ag snámháil go mall níos faide isteach san fharraige ag pitseáil ar na tonnta ar nós báidín. Tá David ag stiúradh ar chlé agus ar dheis ag teannadh na coscáin agus gás. Ach ní féidir leis an thrucail a smachtú. Tá gaoth láidir ag sá í ar feadh an chladaigh. Níl a fhios ag David agus Robert cad atá le déanamh. Tá siad díreach ag suí,

Der Laster treibt langsam weiter aufs Meer und schaukelt auf den Wellen wie ein kleines Schiff. David lenkt nach links und nach rechts, während er auf die Bremse und aufs Gas tritt. Aber er kann den Laster nicht kontrollieren. Ein starker Wind trägt ihn die Küste entlang. David und Robert wissen nicht, was sie tun sollen. Sie sitzen einfach da und schauen

ag féachaint amach na fuinneoga. Tosnaíonn uisce na farraige ag rith taobh istigh.

"Rachfaimid amach agus suífaimid ar an ndíon," arsa Robert. Suíonn siad ar an ndíon.

"Cad a déarfaidh an tUasal Tough, n'fheadar?" arsa Robert.

Tá an thrucail ag snámháil go mall timpeall fiche méadar ón gcladach. Stopann roinnt daoine ar an gcladach chun féachaint uirthi le hionadh.

"Tá seans ann go dtugfaidh an tUasal Tough an bóthar dúinn," a fhreagraíonn David.

Idir an dá linn tagann ceann na hollscoile an tUasal Kite isteach ina oifig. Deir an rúnaí leis go mbeidh searmanas ann inniu. Scaoilfidh siad saor dhá éan farraige tar éis athshlánú. Ghlan oibrithe don lárionad athshlánú ola daoibh tar éis timpiste le tancaer Gran Pollución. Thárla an thimpiste mí ó shin. Tá ar an tUasal Kite óráid a rá ann. Tosnaíonn an searmanas i gceann fiche cúig nóiméad.

aus dem Fenster. Das Meerwasser beginnt, in den Laster zu laufen.

„Lass uns nach draußen gehen und uns aufs Dach setzen", sagt Robert. Sie setzen sich aufs Dach.

„Ich frage mich, was Herr Tough sagen wird", sagt Robert.

Der Laster treibt langsam etwa zwanzig Meter von der Küste entfernt. Einige Leute an der Küste bleiben stehen und schauen verwundert.

„Herr Tough wird uns wohl feuern", antwortet David.

In der Zwischenzeit kommt der Direktor der Universität, Herr Kite, in sein Büro. Die Sekretärin sagt ihm, dass es heute eine Feier gibt. Sie werden zwei Vögel nach deren Genesung freisetzen. Arbeiter des Rehabilitationszentrums haben sie nach dem Unfall mit dem Tanker Gran Pollución von Öl gesäubert. Der Unfall passierte vor einem Monat. Herr Kite muss dort eine Rede halten. Die Feier beginnt in fünfundzwanzig Minuten.

Tógann an tUasal Kite agus a rúnaí tacsaí agus i ndeich nóiméad baineann siad áit an shearmanais amach. Tá an dhá éan seo ann cheana féin. Anois níl siad chomh bhán is mar a bhíodh de ghnáth. Ach is féidir leo snámh agus eitilt arís anois. Tá scata daoine, iriseoirí, grianghrafóirí ann anois. I ndá nóiméad tosnóidh an searmanas. Tosnaíonn an tUasal Kite a óráid.

"A chairde!" ar seisean, "Thárla an thimpiste leis an dtancaer Gran Pollición ag an áit seo mí ó shin. Tá orainn scata éin agus ainmhithe a athshlánú anois. Cosnaíonn sé scata airgid. Mar shampla cosnaíonn an athshlánú d'éan ar leith cúig mhíle dollar! Agus tá áthas orm a chuir in iúl daoibh anois tar éis míosa do athshlánú go scaoilfear saor an dhá éan iontach seo."

Tógann beirt fhir bosca leis na éin, tógann siad é go dtí an t-uisce agus osclaíonn siad é. Imíonn na héin amach as an mbosca agus ansin léimeann siad isteach san uisce agus snámhann siad. Tógann na grianghrafóirí grianghrafanna.

Herr Kite und seine Sekretärin nehmen ein Taxi und kommen nach zehn Minuten am Ort der Feier an. Die zwei Vögel sind bereits da. Jetzt sind sie nicht so weiß wie normalerweise. Aber sie können wieder schwimmen und fliegen. Es sind viele Menschen, Journalisten und Fotografen da. Zwei Minuten später beginnt die Feier. Herr Kite beginnt seine Rede.

„Liebe Freunde", sagt er. „Vor einem Monat passierte an dieser Stelle der Unfall mit dem Tanker Gran Pollución. Wir müssen jetzt viele Vögel und Tiere gesund pflegen. Das kostet viel Geld. Die Rehabilitation dieser zwei Vögel zum Beispiel kostet fünftausend Dollar. Und es freut mich, Ihnen mitteilen zu können, dass diese zwei wunderbaren Vögel nach einem Monat Rehabilitation freigesetzt werden."

Zwei Männer nehmen die Kiste mit den Vögeln, bringen sie zum Wasser und öffnen sie. Die Vögel kommen aus der Kiste, springen ins Wasser und schwimmen. Die Fotografen machen Fo-

Cuireann na hiriseoirí ceisteanna ar oibrithe an lárionad athshlánú faoi na hainmhithe.

Go tobann tagann cráin dhubh mór suas, go tapaigh slogann sí an dhá éan agus téann sí síos arís. Féachann gach aon duine ar an áit a bhíodh na héin. Ní chreideann ceann na hollscoile a shúile. Tagann an chráin dhubh suas arís ag lorg a thuilleadh éan. Toisc nach bhfuil aon éin ann, téann sí síos arís. Tá ar an tUasal Kite a óráid a chríochnú anois.

"Ah...," roghnaíonn sé focail oiriúnach., "Ní stopann an sruth leanúnach iontach don shaol riamh. Itheann ainmhithe níos mó ainmhithe níos lú agus mar sin do...ah...cad é sin?" ar seisean ag féachaint ar an n-uisce. Féachann gach aon duine ann agus feiceann siad trucail mhór dearg ar feadh an chladaigh ag pitseáil ar na tonnta ar nós bád. Suíonn beirt fhir uirthi ag féachaint ar an áit don shearmanas.

"Haileo, a Uasail Kite," arsa Robert, "Cén fáth go bhfuil tú ag cothú cráin dhubha le héin?"

tos. Die Journalisten befragen Arbeiter des Rehabilitationszentrums über die Tiere.

Plötzlich taucht ein großer Schwertwal auf, schluckt schnell die zwei Vögel hinunter und verschwindet wieder. Alle Leute sehen auf die Stelle, an der die Vögel zuvor gewesen waren. Der Direktor der Universität traut seinen Augen nicht. Der Schwertwal taucht wieder auf und sucht nach mehr Vögeln. Da es keine Vögel mehr gibt, verschwindet er wieder. Herr Kite muss seine Rede beenden.

„Ähm..." Er sucht nach passenden Worten. „Der wundervolle, beständige Fluss des Lebens hört nie auf. Größere Tiere essen kleinere Tiere und so weiter... Ähm... Was ist das?", fragt er aufs Wasser schauend. Alle schauen aufs Wasser und sehen einen großen Laster, der die Küste entlang treibt und auf den Wellen schaukelt wie ein Schiff. Zwei Jungen sitzen auf ihm und schauen zum Platz der Feier.

„Hallo Herr Kite", sagt Robert. „Warum füttern Sie Schwertwale mit Vögeln?"

"Haileo, Robert," a fhreagraíonn an tUasal Kite. Tosnaíonn cuid de na daoine ag baint taitneamh as an gcás. Tosnaíonn siad ag gáire.

"Bhuel, cuirfidh me glaoch ar an seirbhís tarrthála anois. Gheobhaidh siad sibh amach as an n-uisce. Agus teastaíonn uaim sibh a fheiscint i m'oifig amárach," arsa ceann na hollscoile agus cuireann sé glaoch ar an seirbhís tarrthála.

Words

„Hallo Robert", antwortet Herr Kite. Einige Leute beginnen, an der Situation ihren Spaß zu haben. Sie fangen an, zu lachen.

„Gut, ich rufe jetzt den Rettungsdienst. Der wird euch aus dem Wasser holen. Und ich möchte euch morgen in meinem Büro sehen", sagt der Direktor der Universität und ruft den Rettungsdienst.

Text

Ceacht

Eine Unterrichtsstunde

Focail

Vokabeln

1. aird - Aufmerksamkeit
2. aird a thabhairt do - achten auf
3. aire - sich kümmern
4. an- - wirklich
5. an stuif seo - dieses Zeug
6. beag - klein
7. beagán - leicht
8. buachaill - Freund
9. cailín - Freundin
10. caith - verbringen
11. cé acu - welcher
12. cloch - Stein
13. crúsca - Krug
14. doirt - schütten
15. eile - andere
16. fan - bleiben
17. folamh - leer
18. fós - noch
19. gaineamh - Sand
20. gan - ohne
21. gan focal - ohne ein Wort

22.	i gcónaí - immer

23.	idir - zwischen

24.	in ionad - stattdessen

25.	leanaí - Kinder

26.	liachta - medizinisch

27.	nach bhfuil chomh - weniger

28.	rang - Klasse

29.	rud - Sache

30.	scaoilte - verlieren

31.	sláinte - Gesundheit

32.	sonas - Glück

33.	tábhachtach - wichtig

34.	teilifís - Fernsehen

35.	tuismitheoir - Eltern

B

Tá ceann na hollscoile ag seasamh roimh an ranga. Tá roinnt boscaí agus rudaí eile ar an mbord ós a chomhair. Nuair a thosnaíonn an ceacht tógann sé crúsca mór folamh agus gan focal líonann sé é suas le clocha mhóra.

"An gceapann sibh go bhfuil an crúsca lán cheana féin?" a cheistíonn an tUasal Kite na daltaí.

"Sea, tá sé," arsa na daltaí.

Ansin tógann sé bosca le clocha an-bheag agus doirteann sé iad isteach sa chrúsca. Critheann sé an crusca beagán. Líonann na clocha beaga an spás idir na clocha móra gan dabht.

Der Direktor der Universität steht vor der Klasse. Auf dem Tisch vor ihm liegen Kisten und andere Dinge. Als der Unterricht beginnt, nimmt er einen großen, leeren Krug und füllt ihn wortlos mit großen Steinen.

„Meint ihr, dass der Krug schon voll ist?", fragt Herr Kite die Studenten.

„Ja, das ist er", stimmen die Studenten zu.

Da nimmt er eine Kiste mit sehr kleinen Steinen und schüttet sie in den Krug. Er schüttelt den Krug leicht. Die kleinen Steine füllen natürlich den Platz zwischen den großen Steinen.

"Cad a cheapann sibh anois?"
Tá an crúsca lán cheana féin, nach
bhfuil?" a cheistíonn an tUasal
Kite arís.

"Sea, tá sé. Tá sé lán anois," a
aontaíonn na daltaí arís. Tos-
naíonn siad ag baint taitneamh as
an gceacht. Tosnaíonn siad ag
gáire.

Ansin, tógann an tUasal Kite
boscaí do ghaineamh agus doirte-
ann sé é isteach sa chrúsca. Gan
dabht, líonann an gaineamh suas
an spás ar fad eile.

"Anois teastaíonn uaim go
smaoineoidh sibh faoin gcrúsca
seo ar nós saol fir. Rudaí tab-
hachtach is ea na clochaí móra -
do chlann, do chailín agus do bhu-
achaill, do shláinte, do leanaí, do
thuismitheoirí - rudaí má
chailleann tú gach rud eile agus
níl fagtha ach iad san, beidh do
shaol fós lán. Rudaí eile nach
bhfuil chomh thábhachtach is ea
na clocha beaga. Seo rudaí ar nós
do theach, do jab, do charr. Gach
rud eile is ea gaineamh - rudaí be-
aga. Má chuireann tú gaineamh
isteach sa chrúsca ar dtús, ní bhe-
idh aon spás do chlocha beaga nó

„Was meint ihr jetzt? Der
Krug ist voll, oder nicht?", fragt
Herr Kite wieder.

„Ja, das ist er. Er ist jetzt
voll", stimmen die Studenten
wieder zu. Der Unterricht be-
ginnt, ihnen Spaß zu machen. Sie
lachen.

Da nimmt Herr Kite eine
Kiste mit Sand und schüttet ihn
in den Krug. Der Sand füllt natür-
lich den restlichen Platz.

„Jetzt möchte ich, dass ihr in
diesem Krug das Leben seht. Die
großen Steine sind wichtige
Dinge - eure Familie, eure Freun-
din oder euer Freund, Gesund-
heit, Kinder, Eltern - Dinge, die
euer Leben, wenn ihr alles ver-
liert und nur sie bleiben, weiter-
hin füllen. Kleine Steine sind an-
dere Dinge, die weniger wichtig
sind. Dinge wie euer Haus, Job,
Auto. Der Sand ist alles andere -
die kleinen Dinge. Wenn ihr zu-
erst Sand in den Krug füllt, bleibt
kein Platz für kleine oder große
Steine. Das Gleiche gilt fürs Le-
ben. Wenn ihr eure ganze Zeit

clocha móra. Mar an gcéanna atá an saol. Má chaitheann tú d'am agus fuinneamh go léir ar rudaí beaga, ní bheidh spás agat riamh do rudaí atá tábhachtach duit. Tabhair aire do na rudaí is tábhachtaí de do shonas. Imir le do leanaí nó tuismitheoirí. Tóg an t-am chun scrúdaithe liachta a thógaint. Tóg do bhuachill nó cailín go dtí an caife. Beidh am ann i gcónaí chun dul ag obair, an teach a ghlanadh agus féachaint ar an dteilifís," arsa an tUasal Kite, "Tabhair aire do na clochaí móra ar dtús - rudaí atá an-thábhachtach. Gaineamh is ea gach rud eile," féachann sé ar na daltaí, "Anois Robert agus David, cad atá níos tábhachtaí daoibhse - ag glanadh trucaile nó bhur saolta? Bíonn tú ag snámháil ar thrucail san fharraige ar nós a bheithfeá ar bhád díreach toisc gur theastaigh uaibh trucail a ghlanadh. An gceapann sibh nach bhfuil aon shlí eile chun í a ghlanadh?"

"No, ní cheapfaimid é sin," arsa David.

"Is féidir leat trucail a ghlanadh i staisiún níocháin in ionad,

und Energie für die kleinen Dinge verwendet, werdet ihr nie Platz für die Dinge haben, die euch wichtig sind. Achtet auf Dinge, die für euer Glück am wichtigsten sind. Spielt mit euren Kindern oder Eltern. Nehmt euch die Zeit für medizinische Untersuchungen. Geht mit eurer Freundin oder eurem Freund ins Café. Es wird immer Zeit bleiben, um zu arbeiten, das Haus zu putzen oder fernzusehen", sagt Herr Kite. „Kümmert euch erst um die großen Steine - um die Dinge, die wirklich wichtig sind. Alles andere ist nur Sand." Er sieht die Studenten an. „Nun, Robert und David, was ist euch wichtiger - einen Laster zu waschen oder euer Leben? Ihr treibt auf einem Laster im Meer wie auf einem Schiff, nur weil ihr den Laster waschen wolltet. Glaubt ihr, dass es keine andere Möglichkeit gibt, ihn zu waschen?"

„Nein, das glauben wir nicht", sagt David.

„Man kann einen Laster stattdessen in einer Waschanlage

nach bhféidir libh?" arsa an tUasal Kite.

"Sea, is féidir linn," arsa na daltaí.

"Caithfidh sibh smaoineamh i gcónaí sara ndéanann tú rud éigin. Caithfidh tú aire a thabhairt do na clocha móra i gcónaí, nach bhfuil an ceart agam?"

"Sea, caithfimid," a fhreagraíonn na daltaí.

Words

waschen, nicht wahr?", sagt Herr Kite.

„Ja, das kann man", sagen die Studenten.

„Ihr müsst immer erst nachdenken, bevor ihr handelt. Ihr müsst euch immer um die großen Steine kümmern, okay?"

„Ja, das müssen wir", antworten die Studenten.

Text

22

Oibríonn Paul ag teach foilsithe

Paul arbeitet in einem Verlag

A

Focail

Vokabeln

1. aon duine - niemand
2. ar a laghad - zumindest
3. báisteach - Regen
4. bíp - Piepton
5. brón - traurig
6. caint - sprechen
7. chomh minic is gur féidir - so oft wie möglich
8. comhlacht - Unternehmen
9. comhordú - Koordination
10. cruthaitheach - kreativ
11. cum - zusammenstellen
12. custaiméir - Kunde
13. deacair, cruaigh, díon - schwierig
14. difriúil - verschieden
15. díol - verkaufen
16. diúltaigh - ablehnen
17. domhan - Welt
18. dorcha - Dunkeln

19. duine - Mensch

20. faic - nichts

21. faigh - bekommen

22. féidearthach - möglich

23. forbairt - entwickeln

24. fuacht - Kälte

25. fuar - kalt

26. glaoch - Anruf

27. gléas freagartha - Anruf-
beantworter

28. go háirithe - besonders

29. greannmhar - lustig

30. haileo - Hallo

31. imirt - spielen

32. irisleabhar - Zeitschrift

33. lasmuigh - draußen

34. na codladh - Schlafen

35. nuachtán - Zeitung

36. ó - da, wie

37. píosa - *here* Entwurf

38. proifisiún - Beruf

39. riail - Regel

40. scéal - Geschichte

41. scil - Fähigkeit

42. siúl - Laufen

43. srl. - usw.

44. srón - Nase

45. staighre - Treppe

46. taifead - aufzeichnen;
Aufzeichnung

47. táirg - produzieren

48. téacs - Text

49. todhchaí - Zukunft

50. tríocha - dreißig

51. ullamh - bereit

B

Oibríonn Paul mar chuiditheoir óg ag teach foilsithe Ildánach. Déanann sé obair scríbhtha.

"Paul, is é ainm ár ngnólaacht ná Ildánach" arsa ceann an ghnólacht an tUasal Fox, "Agus cialaíonn sé seo go bhféidir linn déanamh aon phíosa téacs agus obair deartha d'aon chustaiméir. Faighimid scata órdaithe ó nuachtáin, irisleabhair agus ó chustaiméirí eile. Tá na hórdaithe go léir

Paul arbeitet als junger Helfer im Verlag All-Round. Er erledigt Schreibarbeiten.

„Paul, unsere Firma heißt All-Round", sagt der Firmenchef Herr Fox. „Und das heißt, dass wir für jeden Kunden jede Art von Text und Design entwickeln können. Wir bekommen viele Aufträge von Zeitungen, Zeitschriften und anderen Kunden.

difriúil ach ní dhiúltaimid aon chinn.”

Is maith le Paul an jab seo go mór mar is féidir leis a scileanna cruthaitheach a fhorbairt. Is maith leis oibrithe cruthaitheach ar nós píosaí a scríobh agus dearadh. Toisc go ndéanann sé staidéar ar dhearadh san ollscoil is post an-oiriúnach é dona phroifisiún todhchaigh.

Tá roinnt tascanna nua ag an tUasal Fox dó inniu.

“Tá roinnt ordaithe again. Is féidir leat dhá cheann a dhéa-namh,” arsa an tUasal Fox, “Tá an chéad ordú ó chomhlacht fóin. Táirgíonn siad fóin le gléas freagartha. Tá roinnt téacsanna greannmhar do ghléasanna freagartha. Ní dhíolann aon rud níos fearr ná rudaí greannmhara. Cum ceithre nó cúig teacs, le do thoil.“

“Cé chomh fhada a cheart dóibh a bheith?” arsa Paul.

“Is féidir leo a bheith ó chúig go tríocha focal,” a fhreagraíonn an tUasal Fox, “Agus tá an dara ordú ón irisleabhar “Domhan Glas”. Scríobhann an irisleabhar

Alle Aufträge sind verschieden, aber wir lehnen nie einen ab.“

Paul mag diesen Job sehr, da er kreative Fähigkeiten entwickeln kann. Kreative Arbeit wie Schreiben und Design gefällt ihm. Da er Design an der Universität studiert, ist es ein passender Job für seinen zukünftigen Beruf.

Heute hat Herr Fox neue Aufgaben für ihn.

„Wir haben einige Aufträge. Du kannst zwei davon erledigen”, sagt Herr Fox. „Der erste Auftrag ist von einer Telefonfirma. Sie stellen Telefone mit Anrufbeantwortern her. Sie brauchen ein paar lustige Texte für die Anrufbeantworter. Nichts verkauft sich besser als etwas Lustiges. Entwirf bitte vier, fünf Texte.”

„Wie lang sollen sie sein?”, fragt Paul.

„Sie können fünf bis dreißig Wörter haben”, antwortet Herr Fox. „Der zweite Auftrag ist von der Zeitung ‚Grüne Welt’. Diese Zeitung schreibt über Tiere, Vö-

seo faoi ainmhithe, éin, éisc srl. Tá téacs uathu faoi ainmhí baile. Is féidir leis a bheith greannmhar nó brónach, nó scéal faoi d'ainmhí féin. An bhfuil ainmhí agat?"

"Sea, tá. Tá cat agam. 'Is Fearr' is ainm di," a fhreagraíonn Paul, "Agus is dóigh liom gur féidir liom scéal a scríobh faoina chleasanna. Cathain a chaithfidh sé a bheith ullamh?"

"Caithfidh an dhá ordú seo a bheith ullamh d'amárach," arsa an tUasal Fox.

"OK. An bhfuil cead agam tosnú anois?" arsa Paul.

"Sea, a Phaul," arsa an tUasal Fox.

Tógann Paul na téacsanna leis an chéad lá eile. Tá cúig théacs aige do na gléasanna freagartha. Léann an tUasal Fox iad:

1. "Haileo. Anois abair rud éigin."

2. "Haileo. Is gléas freagartha mé. Agus cad é tusa?"

3. "Haileo. Níl aon duine aige baile anois ach tá mo ghléas guthán. Mar sin is féidir leat labhairt leis

gel, Fische usw. Sie brauchen einen Text über irgendein Haustier. Er kann lustig oder traurig sein oder einfach eine Geschichte über dein eigenes Haustier. Hast du ein Haustier?"

„Ja, ich habe eine Katze. Sie heißt Favorite", antwortet Paul. „Und ich denke, ich kann eine Geschichte über ihre Streiche schreiben. Wann sollen die Texte fertig sein?"

„Diese zwei Aufträge sollen bis morgen fertig sein", antwortet Herr Fox.

„Gut. Kann ich anfangen?", fragt Paul.

„Ja", sagt Herr Fox.

Paul bringt die Texte am nächsten Tag. Er hat fünf Texte für den Anrufbeantworter. Herr Fox liest sie:

1. „Hallo. Jetzt musst du etwas sagen".

2. „Hallo, ich bin ein Anrufbeantworter. Und was bist du?"

3. „Hallo. Außer meinem Anrufbeantworter ist gerade niemand zu Hause. Du kannst dich mit

seachas mise. Fan i gcomhair an bíp."

4. "Seo gléas freagartha. Seo measín a dhéanann taifead ar smaointe. Tar éis an bíp, smaoinigh ar d'ainm, do fháthanna chun glaoch a chuir agus uimhir leis go bhféadfainn glaoch thar n-ais a chuir ort."

5. "Labhair tar éis an bíp! Tá an ceart agat a bheith ciúin. Táim chun tusa agus gach rud a deireann tú a thaifead."

"Níl sé ró-olc. Agus cad faoi ainmhithe?" a cheistionn an tUasal Fox. Tugann Paul bileog eile do pháipéar do. Léann an tUasal Fox:

Roinnt Rialacha do chait

Siúl:

Chomh minic is gur féidir, rith go tapaigh agus chomh ghairid is gur féidir libh ós comhair duine, go háirithe: ar staighre, nuair atá rud éigin ina lámha, sa dhorchadas, agus nuair a dhúisíonn siad ar maidin. Traenálfaidh sé seo a chomhordú.

Sa leaba:

Téir a chodladh ar dhuine san oíche i gcónaí. Chun nach bhféidir

ihm unterhalten. Warte auf den Piepton".

4. „Das ist kein Anrufbeantworter. Das ist ein Gedankenaufnahmegerät. Nach dem Piepton denke an deinen Namen, den Grund, aus dem du anrufst, und die Nummer, unter der ich dich zurückrufen kann."

5. „Sprechen Sie nach dem Piepton! Sie haben das Recht, Ihre Aussage zu verweigern. Ich werde alles, was Sie sagen, aufzeichnen und verwenden."

„Nicht schlecht. Und was ist mit den Tieren?", fragt Herr Fox. Paul gibt ihm ein anderes Blatt. Herr Fox liest:

Regeln für Katzen

Laufen:

Renne so oft wie möglich schnell und nahe an einem Menschen vorbei, vor allem: auf Treppen, wenn sie etwas tragen, im Dunkeln und wenn sie morgens aufstehen. Das trainiert ihre Koordination.

Im Bett:

Schlafe nachts immer auf dem Menschen, damit er sich nicht umdrehen kann. Versuche,

le siúd nó léi siúd casadh sa leaba. Triail luí ar a (h)aghaidh. Déan cinnte go bhfuil d'eireaball díreach ar a srón.

Codladh:

Chun an-chuid fuinnimh a bheith agat chun imirt, caithfidh cat scata codladh a dhéanamh (ar a laghad sé uair an chloig déag in aghaidh an lae). Níl sé deacair chun áit oiriúnach a fháil chun dul a chodladh. Tá aon áit a thaitníonn le duine suí go maith. Tá áiteanna maith lasmuigh chomh maith. Ach níféidir leat iad a úsáid nuair a chuireann sé báistí nó nuair atá sé fuar. Is féidir leat fuinneoga os-cailte a úsáid in ionad.

Tosnaíonn an tUasal Fox ag gáire.

"Sár-obair, a Phaul! Ceapaim go dtaitneoidh leis an n-irislea-bhar "An Domhan Glas" do phí-osa," ar seisean.

auf seinem Gesicht zu liegen. Vergewissere dich, dass dein Schwanz genau auf seiner Nase liegt.

Schlafen:

Um genug Energie zum Spielen zu haben, muss eine Katze viel schlafen (mindestens sechzehn Stunden am Tag). Es ist nicht schwer, einen passen-den Schlafplatz zu finden. Jeder Platz, an dem ein Mensch gerne sitzt, ist gut. Draußen gibt es auch viele gute Plätze. Du kannst sie aber nicht verwen-den, wenn es regnet oder kalt ist. Du kannst stattdessen das offene Fenster verwenden.

Herr Fox lacht.

„Gute Arbeit, Paul! Ich denke, die Zeitung ‚Grüne Welt' wird deinen Entwurf mögen", sagt er.

Words

Text

23

Rialacha cait

Katzenregeln

A

Focail

Vokabeln

1. aimsir - Wetter
2. aoi - Gast
3. aon rud - alles
4. beagán - wenige
5. blasta - lecker
6. cé go - obwohl
7. ceachtanna - Hausaufgaben
8. céim - Schritt
9. cócaireacht - Kochen
10. cos - Bein
11. cuimil - reiben
12. dearmad - vergessen
13. dul i bhfolach agus aimsigh - Versteckspiel
14. faigh - bekommen
15. goid - stehlen
16. grá - lieben
17. greim - beißen
18. i bhfolach - verstecken
19. laistiar - hinter
20. léamh - Lesen

21.	leanbh - Kind		30.	rith ó - weglaufen
22.	leithreas - Toilette		31.	rún - Geheimnis
23.	lig ort - vorgeben		32.	scaoll - Panik
24.	mearchlár - Tastatur		33.	scoil - Schule
25.	mistéir - Geheimnis		34.	seans - Chance
26.	muiscít - Stechmücke		35.	séasúr - Saison
27.	plainéad - Planet		36.	smaoineamh - denken
28.	pláta - Teller		37.	spraoi - Spaß
29.	póg - küssen		38.	uaireanta - manchmal

B

“Déanann an t-irisleabhar “Domhan Glas” ordú nua,” arsa an tUasal Fox le Paul an chéad lá eile, “Agus tá an t-ordú seo duitse, a Phaul. Is maith leo do phíosa agus teastaíonn uathu téacs níos mó faoi “Rialacha chait”.

Tógann sé dhá lá do Phaul an píosa seo a chumadh. Seo é.

Roinnt rialacha rúin do chait

Cé gurb iad cait na hainmhithe is fearr agus is iontach ar domhan, uaireanta déanann siad rudaí an-aisteach. D'éirigh le ceann de na daoine goid roinnt rúin cait. Is roinnt rialacha do bheatha iad chun an domhan a thógaint faoi smacht! Ach mistéir

„Die Zeitschrift ‚Grüne Welt‘ hat uns einen neuen Auftrag erteilt“, sagt Herr Fox am nächsten Tag zu Paul. „Und dieser Auftrag ist für dich. Ihnen hat dein Entwurf gefallen und sie wollen einen längeren Text über ‚Katzenregeln‘.“

Paul braucht zwei Tage für diesen Text. Hier ist er.

Geheime Regeln für Katzen

Obwohl Katzen die besten und wundervollsten Tiere auf diesem Planeten sind, tun sie manchmal sehr seltsame Dinge. Einem Menschen ist es gelungen, ein paar Katzengeheimnisse zu stehlen. Es sind Lebensregeln, um die Weltherrschaft zu übernehmen!

fós is ea conas a chabhróidh na rialacha seo le cait.

Seomraí folctha:

Téir i dteannta cuairteoirí i gcónaí go dtí an seomra folctha agus leithreas. Ní gá duit aon rud a dhéanamh. Díreach suigh, féach agus uaireanta a gcosa a chuimilt.

Dóirse:

Caithfidh gach doras a bheith ar oscailt. Chun doras a oscailt, seas ag féachaint go bró-nach ar dhaoine. Nuair a os-claíonn siad doras, ní gá duit dul tríd é. Tar éis a osclaíonn tú sa shlí seo an doras lasmuigh, seas sa doras agus smaoinigh ar rud éigin. Tá sé seo thar a bheith tá-bhachtach nuair ata an aimsir an-fhuar, nó nuair lá an-fhliuch atá ann, nó nuair is é séasúr na muiscíte é.

Cócaireacht:

Suigh i cónaí laistiar de chos dheis na daoine atá ag cócai-reacht. Chun nach bhféidir leo tú a fheiscint agus tá seans níos fearr ann go seasfar ort. Nuair a tharlaíonn sé, tógann siad tú ina

Es bleibt jedoch ein Rätsel, wie diese Regeln den Katzen helfen sollen.

Badezimmer:

Gehe immer mit Gästen ins Badezimmer und auf die Toilette. Du musst nichts tun. Sitze einfach nur da, sieh sie an und reibe dich ab und zu an ihren Beinen.

Türen:

Alle Türen müssen offen sein. Um eine Tür zu öffnen, stelle dich mit einem traurigen Blick vor den Menschen. Wenn er eine Tür öff-net, musst du nicht durchgehen. Wenn du auf diese Weise die Haustür geöffnet hast, bleibe in der Tür stehen und denke nach. Das ist vor allem wichtig, wenn es sehr kalt ist oder regnet oder in der Stechmückenzeit.

Kochen:

Setze dich immer genau hin-ter den rechten Fuß von kochen-den Menschen. So können sie dich nicht sehen und die Chance ist größer, dass sie auf dich treten. Wenn das passiert, nehmen sie

lámha agus tugann siad rud éigin blasta duit le hithe.

Ag léamh leabhair:

Triail teacht i gcóngar d'aghaidh duine atá ag léamh, idir na súile agus an leabhar. Is é an slí is fearr ná luí ar an leabhar.

Ceachtanna scoile leanaí:

Lig ar leabhair agus cóip-leabhair agus lig ort go bhfuil tú na codladh. Ach ó am go ham léim ar an bpeann. Tabhair greim má dhéanann leanbh iarracht tú a thógaint ón mbord.

Ríomhaire:

Má oibríonn duine ar ríomhaire, léim ar an deasc agus siúl samhall do dtí an méarchlár.

Bia:

Caithfidh cait ithe go minic. Ach níl ithe ach leath an chleachta. Is é an leath eile ná an bia a aimsiú. Nuair a itheann daoine, cuir d'eireaball ar a bpláta nuair nach bhfuil siad ag féachaint. Tabharfaidh sé seans níos fearr duit pláta iomlán do bhia a fháil. Ná ith riamh ó do phláta féin más féidir leat roinnt

dich auf den Arm und geben dir etwas Leckeres zu essen.

Lesen:

Versuche, nahe an das Gesicht der lesenden Person zu kommen, zwischen Augen und Buch. Am besten ist es, sich auf das Buch zu legen.

Hausaufgaben der Kinder:

Lege dich auf Bücher und Hefte und tue so, als ob du schläfst. Springe von Zeit zu Zeit auf den Stift. Beiße, falls ein Kind versucht, dich vom Tisch zu verscheuchen.

Computer:

Wenn ein Mensch am Computer arbeitet, springe auf den Tisch und laufe über die Tastatur.

Essen:

Katzen müssen viel essen. Aber Essen ist nur der halbe Spaß. Die andere Hälfte ist, das Essen zu bekommen. Wenn Menschen essen, lege deinen Schwanz auf ihren Teller, wenn sie nicht hinsehen. Damit vergrößerst du deine Chancen, einen ganzen Teller Essen zu bekommen. Iss nie von deinem eigenen Teller, wenn du Essen vom Tisch nehmen kannst.

bia a thógaint ón mbord. Ná ól deoch ó do phláta uisce féin más féidir leat ól ó chupán duine.

Ag dul i bhfolach:

Téir i bhfolach in áiteanna nach bhféidir le daoine tú a aimsiú i gcomhair cúpla lá. Cuirfidh sé seo scaoll i ndaoine (agus is breá leo é seo) ag smaoineamh go bhfuil tú tar éis rith ón mbaile. Nuair a thgann tú amach as d'áit folach, tabharfaidh na daoine póg duit agus taispeánfaidh siad a ngrá duit. Agus b'fhéidir go ngeobhaidh tú rud éigin blasta.

Daoine:

Is é tasc na daoine ná sin a chothú, imirt linn, agus chun ár mbosca a ghlanadh. Tá sé tábhachtach nach ndéanann siad dearmad cé hé ceann an tí.

Trink nie aus deiner eigenen Schüssel, wenn du aus der Tasse eines Menschen trinken kannst.

Verstecken:

Verstecke dich an Orten, an denen dich Menschen ein paar Tage lang nicht finden können. Das wird die Menschen in Panik versetzen (was sie lieben), weil sie glauben, dass du weggelaufen bist. Wenn du aus deinem Versteck hervorkommst, werden sie dich küssen und dir ihre Liebe zeigen. Und du bekommst vielleicht etwas Leckeres.

Menschen:

Die Aufgabe des Menschen ist, uns zu füttern, mit uns zu spielen und unsere Kiste sauber zu machen. Es ist wichtig, dass sie nicht vergessen, wer der Chef im Haus ist.

Words

Text

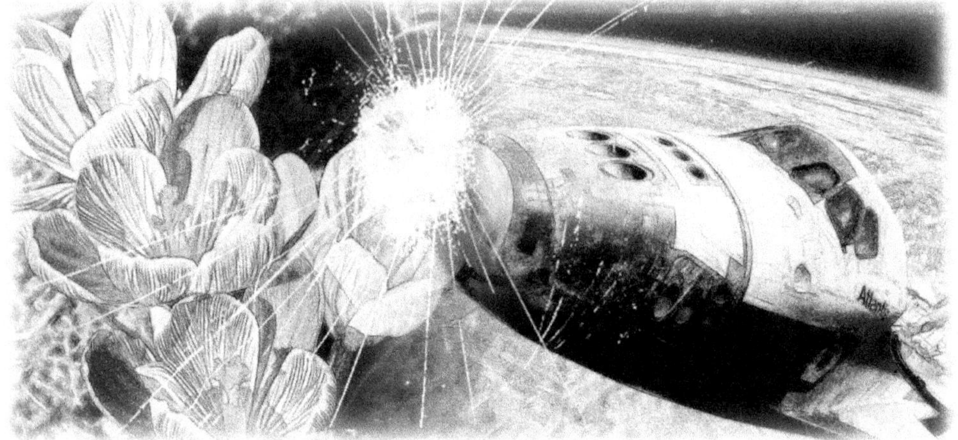

24

Obair ina bhfoirne

Gruppenarbeit

 A

Focail

Vokabeln

1. ag damhsa - tanzen
2. ag obair - arbeiten
3. álainn - schön
4. an Domhan - Erde
5. ar an eolas - informiert
6. básaigh - sterben
7. bhás - starb
8. bhí - hatte
9. bhí fhios - wusste
10. bhí grá - liebte
11. bhog - bewegten
12. billiún - Milliarde
13. bláth - Blume
14. captaen - Kapitän
15. chrith - wackelte
16. chuala - hörte
17. cogadh - Krieg
18. comhghleacaí oibre - Kollege
19. comhthíoch - Außerirdische
20. críochnaithe - beendet
21. cuimhnigh - erinnerte sich
22. damhsaigh - tanzte

23. d'eitil ó - flogen weg
24. d'fhéach - schaute
25. d'imigh - ging weg
26. duine daoibh - einer von euch
27. dúirt - sagte
28. gáirdín - Garten
29. gearr - kurz
30. go dtí - bis
31. go luath - bald
32. i gcoinne - gegen
33. lárnach - zentral
34. las, cas ar siúl - schaltete ein
35. lean ar aghaidh - fortsetzen
36. leanaigh ar aghaidh ag féachaint - schaute weiter
37. léasar - Laser
38. mharaigh - tötete
39. míle - Tausend
40. miongháire a dhéanamh - lächelte
41. múin - unterrichten
42. páirt a ghlacadh - teilnehmen
43. pointeáil - richtete
44. radar - Radar
45. raidió - Funkgerät
46. rince - tanzen
47. scrios - zerstören
48. spás - Weltraum
49. spásárthach - Raumschiff
50. sraithchlár - Serie
51. stad - beendeten
52. teilifíseán - Fernseher
53. tháining - kam
54. thit - fiel
55. thosnaigh - begann
56. tit - fallen

B

Teastaíonn ó Dhavid a bheith ina iriseoir. Déanann sé staidéar san ollscoil. Tá ceacht ar phíosa aige inniu. Múineadh an tUasal Kite do dhaltaí conas píosa a chumadh.

"A chairde," ar seisean, "oibreoidh roinnt daoibh do thithe

David will Journalist werden. Er studiert an der Universität. Heute hat er einen Schreibkurs. Herr Kite bringt den Studenten bei, Artikel zu schreiben.

„Liebe Freunde", sagt er, „ein paar von euch werden für Verlage, Zeitungen oder Zeitschrif-

foilsithe, nuachtáin nó irisleabhair, an raidió nó teilifís. Ciallaíonn sé seo go noibreoidh tú i bhfoireann. Níl sé símplí a bheith ag obair i bhfoireann. Anois teastaíonn uaim píosa iriseoireachta a chumadh i bhfoireann. Tá buachaill agus cailín uaim." Teastaíonn ó an-chuid daltaí páirt a ghlacadh san obair ina bhfoirne. Roghnaíonn an tUasal Kite David agus Carol. Tá Carol ón Spáinn ach is féidir léi Béarla a labhairt go han-mhaith.

"Le do thoil, suigh ag an mbórd. Anois comhghleacaí oibre is ea sibh," arsa an tUasal Kite leo, "Scríobhfaidh sibh píosa gearrtha. Tosnóidh duine daoibh an píosa agus ansin tabharfaidh tú é go dtí do chomhghleacaí oibre. Léifidh do chomhghleactha oibre an piosa agus leanóidh sé ar aghaidh leis. Ansin tabharfaidh do chomhghleactha oibre é ar ais agus léifidh an chéad dhuine é agus leanóidh sé ar aghaidh. Agus mar sin ar aghaidh go dtí go bhfuil do chuid ama thart. Tugaim fiche nóiméad daoibh."

Tugann an tUasal Kite páipéar dóibh agus tosnaíonn

ten, das Radio oder das Fernsehen arbeiten. Das bedeutet, dass ihr in einer Gruppe arbeiten werdet. Es ist nicht einfach, in einer Gruppe zu arbeiten. Ich möchte, dass ihr jetzt versucht, in einer Gruppe einen journalistischen Text zu schreiben. Ich brauche einen Jungen und ein Mädchen." Viele Studenten wollen bei der Gruppenarbeit mitmachen. Herr Kite wählt David und Carol. Carol kommt aus Spanien, aber sie spricht sehr gut Englisch.

„Setzt euch bitte an diesen Tisch. Ihr seid jetzt Kollegen", sagt Herr Kite zu ihnen. „Ihr werdet einen kurzen Text schreiben. Einer von euch beginnt den Text und gibt ihn dann seinem Kollegen. Der Kollege liest den Text und führt ihn fort. Dann gibt euer Kollege ihn zurück, der Erste liest ihn und führt ihn fort. Und so weiter, bis die Zeit vorbei ist. Ihr habt zwanzig Minuten".

Herr Kite gibt ihnen Papier, und Carol fängt an. Sie denkt kurz nach und schreibt dann.

Carol. Smaoiníonn sí beagán agus ansin scríobhann sí.

Píosa na foirne

Carol: Bhí Julia ag féachaint tríd an bhfuinneog. Bhí na bláthanna ina gáirdín ag bogadh sa ghaoth ar nós go raibh siad ag damhsa. Chuimhnigh sí ar an tráthnóna sin nuair a dhamhs sí le Billy. Bliain ó shin a bhí ann ach bhí sí ábalta cuimhneamh ar gach rud - a shúile gorma, a mheangadh agus a ghuth. Am sonasach ab ea é di ach bhí sé thart anois. Cén fáth nach raibh sé léi?

David: Ag an am seo bhí an captaen spáis Billy Brisk ina spásárthach Réalt Bháin. Bhí tasc tábhachtach aige agus ní raibh an t-am aige smaoineamh faoin gcailín amaideach a dhamhs sé léi bliain ó shin. Phointeáil sé léasair an Réalt Bháin go tapaigh ar spásáraigh coimhthíoch. Ansin las sé an raidió agus labhair sé le na coimhthíochaigh: "Tugfaidh mé uair an chloig daoibh chun tabhairt suas. Muna bhfuil sibh tar éis tabhairt suas i gceann uair an chloig scriosfaidh mé sibh." Ach sara gcriochnaigh sé bhuail

Gruppenarbeit

Carol: Julia sah aus dem Fenster. Die Blumen in ihrem Garten bewegten sich im Wind, als ob sie tanzten. Sie erinnerte sich an den Abend, an dem sie mit Billy getanzt hatte. Das war vor einem Jahr gewesen, aber sie erinnerte sich an alles - seine blauen Augen, sein Lächeln, seine Stimme. Es war eine glückliche Zeit für sie gewesen, aber sie war nun vorbei. Warum war er nicht bei ihr?

David: Zu dieser Zeit war Raumschiffkapitän Billy Brisk in seinem Raumschiff White Star. Er hatte eine wichtige Mission und keine Zeit, über dieses dumme Mädchen, mit dem er vor einem Jahr getanzt hatte, nachzudenken. Schnell richtete er den Laser der White Star auf die Raumschiffe Außerirdischer. Dann stellte er das Funkgerät an und sprach zu den Außerirdischen: „Ihr habt eine Stunde, um aufzugeben. Wenn ihr in einer Stunde nicht aufgebt, werde ich euch zerstören." Kurz bevor er seine Rede beendet hatte, traf jedoch

131

léasar coimhthígh an t-inneall ar chlé don Réalt Bháin. Thosnaigh léasar le Billy ag bualadh na spásárthaigh coimhthíoch agus ag an am céanna las sé na hinnill lárnach agus na cinn ar dheis. Scrios an léasar coimhthígh an t-inneall ar dheis a bhí ag obair agus chrith an Réalt Bháin go holc. Thit Billy ar an n-urlár agus é ag smaoineamh i rith an titime cé acu de na spásárthaigh coimhthíoch a cheart dó a scriosadh ar dtús.

Carol: Ach bhuail sé a cheann ar an n-urlár miotal agus chailleadh é ag an am céanna. Ach sara fuair sé bás chuimhnigh sé ar an gcailín bocht álainn a bhí i ngrá leis agus bhí an-bhrón air gur d'imigh sé uathi. Go luath stad daoine an cogadh amaideach seo i gcoinne na coimhthíoch bocht. Scrios siad a spásárthaigh agus léasair féin agus thugadar eolas do na coimhthíochaigh nach dtosnódh daoine cogadh i gcoinne iad arís. Dúirt daoine go dteastaigh uathu a bheith cairdiúil le na coimhthíochaigh. Bhí Julia anshásta nuair a chuala sí faoi seo. Ansin las sí an teilifiseán agus

ein Laser der Außerirdischen den linken Motor der White Star. Billys Laser begann, auf die Raumschiffe der Außerirdischen zu schießen, und gleichzeitig schaltete Billy den Hauptmotor und den rechten Motor an. Der Laser der Außerirdischen zerstörte den funktionierenden rechten Motor, und die White Star wackelte stark. Billy fiel auf den Boden und überlegte währenddessen, welches der Raumschiffe der Außerirdischen er zuerst zerstören musste.

Carol: Aber er schlug mit seinem Kopf auf dem metallenen Boden auf und war sofort tot. Bevor er starb, dachte er noch an das arme schöne Mädchen, das ihn liebte, und es tat ihm sehr leid, dass er es verlassen hatte. Kurz darauf beendeten die Menschen den dummen Krieg gegen die armen Außerirdischen. Sie zerstörten all ihre eigenen Raumschiffe und Laser und teilten den Außerirdischen mit, dass die Menschen nie wieder einen Krieg gegen sie beginnen würden. Die Menschen sagten, sie wollten Freunde der Außerirdischen sein. Julia war sehr froh, als sie

lean sí léi ag feachaint ar shraithchlár iontach Gearmánach.

David: Toisc gur scrios daoine a radair agus léasair féin, ní raibh a fhios ag aon duine gur tháining spasárthaigh do choimhthíochaigh an-gharraid don Dhomhan. Bhuail na mílte léasair coimhthíoch an Domhan agus mharaigh siad Julia bocht amaideach agus cúig bhilliún duine i soicind amháin. Bhí an Domhan scriosta agus d'eitil a pháirteanna a bhí ag casadh amach sa spás.

"Feicim go bhfuil sibh críochnaithe sara gcríochnaigh bhur gcuid ama," arsa an tUasal Kite agus é ag meangadh, "Bhuel, tá an ceacht thart. Léifimid agus labharfaimid faoin bpíosa foirne seo sa chéad cheacht eile."

davon hörte. Dann machte sie den Fernseher an und schaute eine tolle deutsche Serie weiter.

David: Da die Menschen ihre eigenen Radare und Laser zerstört hatten, wusste niemand, dass Raumschiffe der Außerirdischen der Erde sehr nahe kamen. Tausende Laser der Außerirdischen trafen die Erde und töten die arme, dumme Julia und fünf Billionen Menschen in einer Sekunde. Die Erde war zerstört, und ihre Teile flogen in den Weltraum hinaus.

„Wie ich sehe, habt ihr euren Text fertig, bevor die Zeit um ist", sagte Herr Kite lächelnd. „Gut, der Unterricht ist vorbei. Lasst uns das nächste Mal diese Gruppenarbeit lesen und darüber sprechen."

Words

Text

25

Tá Robert agus David ag lorg jab nua

Robert und David suchen einen neuen Job

A

Focail
Vokabeln

1.	agus é ag - während	13.	ealaíontóir - Künstler
2.	aistritheoir - Übersetzer	14.	feirmeoir - Landwirt
3.	aois - Alter	15.	fógra - Anzeige, Werbung
4.	bia - Lebensmittel	16.	francach - Ratte
5.	bronntanas - Begabung	17.	fuair - fand
6.	ceannaire - Führer	18.	innealtóir - Ingenieur
7.	ceistneoir - Fragebogen	19.	leadránach - monotone
8.	coileáinín - Welpe	20.	meastachán - schätzen
9.	comhairleacht - Beratung	21.	módh - Methode
10.	comharsa - Nachbar	22.	mol - empfehlen
11.	dochtúir - Arzt	23.	moladh - Empfehlung
12.	ealaín - Kunst	24.	nádúr - Natur

25. ós árd - laut
26. pearsanta - *hier* Mitarbeiter
27. peata - Haustier
28. piscín - Kätzchen
29. riomhchláraitheoir - Programmierer
30. rúibric - rubrik
31. salach - schmutzig
32. scribhneoir - Schriftsteller
33. seirbheáil - bedienen
34. sleamhain - schlau
35. smaoineamh - Idee
36. spáinnéar - Spaniel
37. Spáinnish - Spanisch
38. taibreamh - träumen
39. taibreamh a bheith agat - träumen
40. taisteal - Reisen
41. tréidlia - Tierarzt

 # B

Tá Robert agus David i dteach David. Ta David ag glanadh an bhoird tar éis an bhricfeasta agus tá Robert ag léamh fógraí sa nuachtán. Tá sé ag léamh an rúibric "Ainmhithe". Tá deirfiúr David Nancy sa sheomra chomh maith. Tá sí ag iarraidh an cat atá i bhfolach faoin leaba a bhreith.

"Tá scata peataí saor in aisce sa nuachtán. Is dóigh liom go roghnóidh mé cat nó madra. David, cad a cheapann tusa?" a cheistionn Robert do Dhavid.

"Nancy, ná bí ag cuir isteach ar an gcat!" arsa David go feargach, "Bhuel Robert, ní smaoineamh ró-olc é. Fanfaidh tú

Robert und David sind bei David zu Hause. David macht den Tisch nach dem Frühstück sauber, und Robert liest Anzeigen und Inserate in der Zeitung. Er liest die Rubrik ‚Tiere'. Davids Schwester Nancy ist auch im Zimmer. Sie versucht, die Katze, die sich unterm Bett versteckt, zu fangen.

„Es gibt so viele kostenlose Tiere in der Zeitung. Ich denke, ich werde mir eine Katze oder einen Hund aussuchen. Was meinst du, David?", fragt Robert.

„Nancy, hör auf, die Katze zu ärgern", sagt David wütend. „Na ja, Robert, das ist keine schlechte Idee. Dein Haustier wartet immer

pheata duit sa bhaile agus beidh sé chomh shásta nuair a thagfaidh tú ar ais abhaile agus tabharfaidh tú roinnt bia dó. Agus ná déan dearmad go mbiedh ort do pheata a shiúil ar maidin agus sa thráthnóna nó a bhosca a ghlanadh. Uaireanta beidh ort an t-urlár a ghlanadh nó do pheata a thógaint go dtí an tréidlia. Mar sin smaoinigh go cúramach sara bhfaigheann tú ainmhí."

"Bhuel, ta roinnt fógraí anseo. Éist," arsa Robert agus tosnaíonn sé ag léamh ós árd:

"Madra salach, bán, a fhéachann ar nós francach faighte. D'fheadfadh sé maireachtaint lasmuigh ar feadh tréimhse fada. Tabharfaidh mé duit é i gcomhair airgid."

Seo ceann amháin eile:

"Madra Spáinnish, labhrann sé Spáinnish. Tabharfaidh mé duit é saor in aisce. Agus coileáiníní leath spáinnéir leath sleamhain comharsan,"

Féachann Robert ar David, "Conas go bhféidir le madra Spáinnish a labhairt?"

zu Hause auf dich und ist so glücklich, wenn du nach Hause kommst und ihm Futter gibst. Und vergiss nicht, dass du morgens und abends mit deinem Tier Gassi gehen oder seine Kiste sauber machen musst. Manchmal musst du den Boden putzen oder mit dem Tier zum Tierarzt gehen. Also, denk gut darüber nach, bevor du dir ein Haustier anschaffst."

„Also, hier sind ein paar Anzeigen. Hör zu", sagt Robert und beginnt, laut vorzulesen:

„Habe einen dreckigen, weißen Hund gefunden, sieht aus wie eine Ratte. Hat vielleicht lange auf der Straße gelebt. Ich gebe ihn für Geld her.

Und hier noch eine:

Spanischer Hund, spricht Spanisch. Gebe ihn kostenlos ab. Und kostenlose Welpen, halb Spaniel, halb schlauer Nachbarshund."

Robert sieht David an: „Wie kann ein Hund Spanisch sprechen?"

"D'fheadfadh madra Spáinnish a thuiscint. An bhféidir leatsa Spáinnish a thuiscint?" a cheistíonn David agus e ag déanamh meangadh.

"Ni féidir liom Spáinnish a thuiscint. Éist, seo fógra amháin eile:

"Ag tabhairt piscíní feirme saor in aisce. Ullamh le hithe. Íosfaidh siad aon rud,"

Casann Robert an nuachtán, "Bhuel, is dóigh liom go bhfeidir le peataí fanacht. B'fhearra dom féachaint do jab," faigheann sé an rúibric faoi jabanna agus léann sé amach ós árd,

"An bhfuil tusa ag lorg jab oiriúnach? Is féidir leis an gcomhairleacht jab "Pearsanra Oiriúnach" cabhair a thabiart duit. Déanfaidh ár gcomhairligh meastachán ar do bhuanna pearsanta agus molfaidh siad duit faoi an proifisiún is oiriúnaí."

Feachann Robert suas agus ar seisean: "David cad a cheapann tú?"

"Is é an jab is fearr duit ná a bheith ag glanadh trucail san fharraige agus ligeadh do a bheith

„Ein Hund kann Spanisch verstehen. Verstehst du Spanisch?", fragt David grinsend.

„Ich verstehe kein Spanisch. Hör zu, hier ist noch eine Anzeige:

Gebe kostenlos Kätzchen vom Bauernhof her. Fertig zum Essen. Sie essen alles."

Robert blättert die Zeitung um. „Na gut, ich denke, Tiere können warten. Ich suche besser einen Job." Er findet die Stellenanzeigen und liest laut:

„Suchen Sie nach einem passenden Job? Die Arbeitsvermittlung ‚Passende Mitarbeiter' kann Ihnen helfen. Unsere Berater beurteilen Ihre persönliche Begabung und erstellen Ihnen eine Empfehlung für den passendsten Beruf."

Robert sieht auf und sagt: „Was meinst du, David?"

„Der beste Job für euch ist, einen Laster im Meer zu waschen

ag snámháil," arsa Nancy agus go tapaigh ritheann sí amach as an seomra.

"Ni smaoineamh ró-olc é. Imeoimid anois," a fhreagraíonn David agus tógann sé an cat amach as an gciteal go cúramach, an áit a chuir Nancy an t-ainmhí nóiméad o shin.

Baineann Robert agus David an chomhairleacht jab "Pearsanra Oiriúnach" amach ar a rothair. Níl aon chiú, mar sin téann siad isteach. Tá beirt bhean ann. Tá ceann dóibh ag labhairt ar an bhfón. Ta bean eile ag scríobh rud éigin. Iarann sí ar Robert agus David suíochán a thógaint. Bean Sharp is ainm di. Cuireann sí ceist orthu a n-ainmeacha agus a n-aoiseanna.

"Bhuel, lig dom an módh a úsáidimid a mhíniú daoibh. Feach, tá cúig shaghas proifisiún.

1. An chéad shaghas is ea fear - nádúr. Proifisiúin: feirmeoir, oibrí zú srl.

2. An dara saghas is ea fear - measaín. Proifisiúin: píoltóa, tiománaí teacsaí, tiomanaí trucail srl.

und ihn wegschwimmen zu lassen", sagt Nancy und rennt dann schnell aus dem Zimmer.

„Keine schlechte Idee. Lass uns gleich gehen", antwortet David und holt vorsichtig die Katze aus dem Kessel, in den Nancy sie kurz zuvor gelegt hatte.

Robert und David fahren mit dem Fahrrad zur Arbeitsvermittlung ‚Passende Mitarbeiter'. Es gibt keine Schlange und sie gehen hinein. Zwei Frauen sind da. Eine von ihnen telefoniert. Die andere schreibt etwas. Sie bittet Robert und David, Platz zu nehmen. Sie heißt Frau Sharp. Sie fragt sie nach ihren Namen und ihrem Alter.

„Gut, lasst mich euch die Methode, nach der wir arbeiten, erklären. Seht, es gibt fünf Berufskategorien:

1. Die Erste ist Mensch - Natur. Berufe: Bauer, Tierpfleger usw.

2. Die Zweite ist Mensch - Maschine. Berufe: Pilot, Taxifahrer, Lastwagenfahrer usw.

3. An triú saghas is ea fear - fear. Proifisiúin: dochtúir, múinteoir, iriseoir srl.

4. An ceathrú saghas is ea fear - ríomhaire. Proifisiúin: aistritheoir, innealltóir, riomhchláraitheoir srl.

5. An cúigiú is ea fear - ealaín. Proifisiúin: scríbhneoir, ealaíonteoir, amhránaí srl.

Tugaimid moladh faoi gach proifisiún oiriúnach direach nuair a fhoghlamaimid níos mó fút. Ar dtús lig dom meastachán a dheanamh ar do bhuanna pearsanta. Caithfidh mé a fháil amach cad a thaitníonn leat agus cad nach dtaitníonn leat. Ansin beidh a fhios againn cén saghas proifisiúin atá oiriúnach duit. Le do thoil, líon isteach an ceistneoir anois," arsa Bean Sharp agus tugann sí na ceisteoirí dóibh. Líonann David agus Robert isteach na ceistneoirí.

Ceistneoir
Ainm: David Tweeter
Aire a thabhairt do mheaisíní - is cuma liom
Labhair le daoine - is maith liom
Custaiméirí a sheirbheáil - is cuma liom

3. Die Dritte ist Mensch - Mensch. Berufe: Arzt, Lehrer, Journalist usw.

4. Die Vierte ist Mensch - Computer. Berufe: Übersetzer, Ingenieur, Programmierer usw.

5. Die Fünfte ist Mensch - Kunst. Berufe: Schriftsteller, Künstler, Sänger usw.

Wir erstellen Empfehlungen für passende Berufe erst, wenn wir euch besser kennengelernt haben. Lasst mich zuerst eure persönlichen Begabungen beurteilen. Ich muss wissen, was ihr mögt und was ihr nicht mögt. Dann wissen wir, welcher Beruf am besten zu euch passt. Füllt jetzt bitte den Fragebogen aus", sagt Frau Sharp und gibt ihnen die Fragebögen. David und Robert füllen die Fragebögen aus.

Fragebogen
Name: David Tweeter
Maschinen beobachten - Habe ich nichts dagegen
Mit Menschen sprechen - Mag ich
Kunden bedienen - Habe ich nichts dagegen

Tiomán caranna, trucailí - is
maith liom
Obair laistigh - is maith liom
Obair lasmuigh - is maith liom
Taisteal - is maith liom
Meastachán, seiceáil - is fuath
liom
Obair salach - is cuma liom
Obair leadránach - is fuath liom
Obair cruaigh - is cuma liom
Bí mar cheannaire - is cuma liom
Obair i bhfoireann - is cuma liom
Taibreamh agus tú ag obair - is
maith liom
Traenáil - is cuma liom
Obair cruthaitheach a dheanamh
- is maith liom
Obair le téacs - is maith liom

Autos, Lastwagen fahren - Mag
ich
Im Büro arbeiten - Mag ich
Draußen arbeiten - Mag ich
Reisen - Mag ich
Bewerten, kontrollieren - Hasse
ich
Dreckige Arbeit - Habe ich nichts
dagegen
Monotone Arbeit - Hasse ich
Schwere Arbeit - Habe ich nichts
dagegen
Führer sein - Habe ich nichts da-
gegen
In der Gruppe arbeiten - Habe ich
nichts dagegen
Während der Arbeit träumen -
Mag ich
Trainieren - Habe ich nichts da-
gegen
Kreative Arbeit - Mag ich
Mit Texten arbeiten - Mag ich

Ceistneoir
Ainm: Robert Genscher

Aire a thabhairt do mheaisíní - is
cuma liom
Labhair le daoine - is maith liom
Custaiméirí a sheirbheáil - is
cuma liom
Tiomán caranna, trucailí - is cuma
liom
Obair laistigh - is maith liom
Obair lasmuigh - is maith liom
Taisteal - is maith liom
Meastachán, seiceáil - is cuma
liom

Fragebogen
Name: Robert Genscher

Maschinen beobachten - Habe ich
nichts dagegen
Mit Menschen sprechen - Mag ich
Kunden bedienen - Habe ich
nichts dagegen
Autos, Lastwagen fahren - Habe
ich nichts dagegen
Im Büro arbeiten - Mag ich
Draußen arbeiten - Mag ich
Reisen - Mag ich
Bewerten, kontrollieren - Habe
ich nichts dagegen

Obair salach - is cuma liom
Obair leadránach - is fuath liom
Obair cruaigh - is cuma liom
Bí mar cheannaire - is fuath liom
Obair i bhfoireann - is maith liom
Taibreamh agus tú ag obair - is
maith liom
Traenáil - is cuma liom
Obair cruthaitheach a dheanamh
- is maith liom
Obair le téacs - is maith liom

Dreckige Arbeit - Habe ich nichts
dagegen
Monotone Arbeit - Hasse ich
Schwere Arbeit - Habe ich nichts
dagegen
Führer sein - Hasse ich
In der Gruppe arbeiten - Mag ich
Während der Arbeit träumen -
Mag ich
Trainieren - Habe ich nichts da-
gegen
Kreative Arbeit - Mag ich
Mit Texten arbeiten - Mag ich.

Words

Text

26

Ag cuir iarratas isteach go dtí "Nuacht San Francisco"

Bewerbung bei den "San Francisco News"

A

Focail

Vokabeln

1. baineann - weiblich
2. bánán, folamh - leer
3. chuir sé/sí ceist ar - fragte
4. coiriúil - kriminell
5. cuir isteach ar - sich bewerben
6. cuir líne faoi - unterstreichen
7. dara hainm - Mittelname
8. d'fhéadadh - konnte
9. d'fhoghlaim faoi - lernte über
10. d'oibrigh - arbeitete
11. eagarthóir - Herausgeber
12. eolas - Informationen
13. fág - lassen
14. fiche a haon - einundzwanzig
15. fireann - männlich
16. foirm - Formular

17. gabh le - begleiten
18. gneas - Geschlecht
19. Inion ní - Fräulein
20. líofacht - fließend
21. maoiniú - finanzieren
22. meastachán - wertete
23. mhol - empfahl
24. náisiúntacht - Nationalität
25. oideachas - Ausbildung
26. patról - Streife
27. póilíní - Polizei
28. réiltín - Sternchen
29. réimse - Bereich
30. seacht déag - siebzehn
31. seachtain - Woche
32. shroich, bain amach - kam an
33. singil - ledig
34. slán - auf Wiedersehen
35. stádas - Stand
36. thóg - nahm
37. thug - gab
38. tuairisceoir - Reporter
39. tuairiscigh - Bericht

B

Mheas Bean Sharp freagaí le David agus Robert sa cheistneoir. Nuair a d'fhoghlaim sí faoina bhuanna pearsanta d'fhéadadh sí roinnt molta a thabhairt dóibh faoi phroifisiúin oiriúnach. Dúirt sí gurb é an triú saghas proifisiúin an ceann is oiriúnaí dóibh. D'fhéadadh siad obair mar dhochtúir, múinteoir nó iriseoir srl. Mhol Bean Sharp dóibh cuir isteach ar jab leis an nuachtán "Nuacht San Francisco". Thug siad jab páirt aimseartha do dhaltaí a bhféadadh tuarascáil póilíní a chumadh don rúibric coirpigh. Mar sin bhain Robert agus David amach roinnt

Frau Sharp wertete Davids und Roberts Antworten im Fragebogen aus. Indem sie ihre persönlichen Begabungen kennenlernte, konnte sie ihnen Empfehlungen für passende Berufe geben. Sie sagte, dass die dritte Berufskategorie am besten zu ihnen passte. Sie könnten als Arzt, Lehrer oder Journalist arbeiten. Frau Sharp empfahl ihnen, sich um einen Job bei der Zeitung ‚San Francisco News' zu bewerben. Die hatte einen Nebenjob für Studenten zu vergeben, die Polizeiberichte in der Rubrik über Verbrechen verfassen konnten. Also gingen Robert und David in die

pearsanra an nuachtán "Nuacht San Francisco" agus chuir siad isteach ar an jab.

"Bhíomar ag an gcomhairleacht jab "Pearsanra Oiriúnach" innu," arsa David le Iníon ní Slim, a bhí mar cheann an roinnt pearsanra, "Mhol siad dúinn iarratas a chuir isteach do do nuachtán."

"Bhuel, ar obair sibh mar tuairisceoir cheana féin?" a cheistigh Iníon Ní Slim.

"No, nior d'oibriomar," a fhregair David.

"Le do thoil, líon isteach na foimeacha faoi eolas pearsanta seo," arsa Inion Ní Slim agus thug sí dhá fhoirm dóibh. Líon Robert agus David isteach an dhá fhoirm faoi eolas pearsanta.

Foirm faoi eolas pearsanta

Tá ort lionadh isteach na réimsí le réiltín. Is feidir leat réimsí eile a fhagaint folamh.*

Chéad ainm* - David
Dara hainm
Sloinne* - Tweeter
Gnéas* (cuir líne faoi) - <u>Fireann</u>
Baineann

Personalabteilung der Zeitung ‚San Francisco News' und bewarben sich um den Job.

„Wir waren heute bei der Arbeitsvermittlung Passende Mitarbeiter", sagte David zu Frau Slim, der Leiterin der Personalabteilung. „Sie haben uns empfohlen, uns bei Ihrer Zeitung zu bewerben."

„Habt ihr schon als Reporter gearbeitet?", fragte Frau Slim.

„Nein", antwortete David.

„Füllt bitte diese Formulare mit euren persönlichen Angaben aus", sagte Frau Slim und gab ihnen zwei Formulare. Robert und David füllten sie aus.

Persönliche Angaben

*Alle mit einem Sternchen * markierten Felder müssen ausgefüllt werden. Die anderen Felder können leer gelassen werden.*

Vorname - David

Zweiter Name

Nachname - Tweeter

Geschlecht (unterstreiche) - <u>männlich</u> weiblich

Aois* - Trí bhliain is fiche

Náisiúntacht* - Meirceánach

Stadas clainne (cuir líne faoi) - singil pósta

Seoladh* - Aon déag, Sráid na Banraíona, San Francisco, SAM

Oideachas - Táim ag déanamh staidéar ar iriseoireacht sa triú bhlian san ollscoil

Cá n-oibrís cheana fein? - D'obair mé ar feadh dhá mhí mar oibrí feirme

Cén taithí agus scileanna a bhíodh agat?* - is feidir liom tiomáint carr, trucail agus is feidir liom riomhaire a usáid

Teangacha* 0 - no, 10 - líofacht - Spáinish - 8, Béarla - 10

Ceadúnas Tiomanaí* (cuir líne faoi) - No Sea Saghas: BC, is feidir liom trucail a thiomáint

Tá post uait* (cuir líne faoi) - Lán aimseartha Páirt Aimseartha: cúig uair an chloig deag in aghaidh na seachtaine

Teastaíonn uait tuilleadh - cuig dollar deag in aghaidh na huaire

Alter - Zwanzig

Nationalität - Amerikaner

Familienstand (unterstreiche) - ledig verheiratet

Addresse - 11 Queen street, San Francisco, USA

Ausbildung - Ich studiere Journalismus im dritten Jahr an der Universität

Wo haben Sie zuvor gearbeitet? - Ich habe zwei Monate auf einem Bauernhof gearbeitet

Welche Erfahrung und Fähigkeiten haben Sie? - Ich kann Auto und Lastwagen fahren und mit dem Computer arbeiten.

Sprachen 0 - nein, 10 - fließend - Spanisch - 8, Englisch - 10

Führerschein (unterstreiche) - Nein Ja Typ: BC Kann Lastwagen fahren.

Sie brauchen einen Job (unterstreiche) - Vollzeit Teilzeit: 15 Stunden die Woche

Sie wollen verdienen - 15 Dollar die Stunde

Foirm faoi eolas pearsanta

Tá ort lionadh isteach na réimsí le réiltín. Is feidir leat réimsí eile a fhagaint folamh.*

Chéad ainm* - Robert

Dara hainm

Sloinne* - Genscher

Gnéas* (cuir líne faoi) - <u>Fireann</u> Baineann

Aois* - Bliain is fice

Náisiúntacht* - Gearmánach

Stadas clainne (cuir líne faoi) - <u>singil</u> pósta

Seoladh* - Seomra 218, dormanna na ndaltaí, 38 Sráid na hOllscoile, San Francisco, SAM.

Oideachas - Táim ag déanamh staidéar ar dearadh riomhaireachta i mo dhara bhliain san ollscoil

Cá n-oibrís cheana fein? - D'obair mé ar feadh dhá mhí mar oibrí feirme

Cén taithí agus scileanna a bhíodh agat?* - is féidir liom riomhaire a usáid

Teangacha* 0 - no, 10 - líofacht - Gearmáinish - 10, Béarla - 8

Persönliche Angaben

*Alle mit einem Sternchen * markierten Felder müssen ausgefüllt werden. Die anderen Felder können leer gelassen werden.*

Vorname - Robert

Zweiter Name

Nachname - Genscher

Geschlecht (unterstreiche) - <u>männlich</u> weiblich

Alter - einundzwanzig

Nationalität - Deutscher

Familienstand (unterstreiche) - <u>ledig</u> verheiratet

Addresse - Zimer 218, Studentenwohnheim, College Street 36, San Francisco, USA

Ausbildung - Ich studiere Computerdesign im zweiten Jahr an der Universität

Wo haben Sie zuvor gearbeitet? - Ich habe zwei Monate auf einem Bauernhof gearbeitet

Welche Erfahrung und Fähigkeiten haben Sie? - Ich kann mit dem Computer umgehen

Sprachen 0 - nein, 10 - fließend - Deutsch - 10, Englisch - 8

Ceadúnas Tiomanaí* (cuir líne faoi) - <u>No</u> Sea Saghas:

Tá post uait* (cuir líne faoi) - Lán aimseartha <u>Páirt Aimseartha</u>: cúig uair an chloig déag in aghaidh na seachtaine

Teastaíonn uait tuilleadh - cúig dollar déag in aghaidh na huaire

Thóg Inion Ní Slim a bhfoirmeacha eolas pearsanta go dtí eagarthóir an "Nuacht San Francisco".

"Tá an t-eagarthóir tar eis aontú," arsa Inion Ni Slim nuair a thaining sí ar ais, "Rachfaidh sibh i dteannta patról póilíní agus ansin cumfaidh sibh tuarascáil don rúibric coiriúlacht. Tiocfaidh carr poiliní amárach ag a cúig a chlog sa thráthnóna chun sibh a thabhairt ann. Bí anseo ag an am seo, an mbeidh sibh?"

"Cinnte,"a fhreagair Robert.

"Sea, beimid," arsa David, "Slán."

"Slán," a fhreagair Inion ní Slim.

Führerschein (unterstreiche) - <u>Nein</u> Ja Typ:

Sie brauchen einen Job (unterstreiche) - Vollzeit <u>Teilzeit</u>: 15 Stunden die Woche

Sie wollen verdienen - 15 Dollar die Stunde

Frau Slim brachte die Formulare mit ihren persönlichen Angaben zum Herausgeber der ‚San Francisco News'.

„Der Herausgeber ist einverstanden", sagte Frau Slim, als sie zurückkam. „Ihr begleitet eine Polizeistreife und schreibt dann Berichte für die Kriminalrubrik. Morgen um siebzehn Uhr werdet ihr von einem Polizeiauto abgeholt. Seid pünktlich da, ok?"

„Klar", antwortete Robert.

„Ja, wir werden pünktlich sein", sagte David. „Auf Wiedersehen".

„Auf Wiedersehen", antwortete Frau Slim.

Words

Text

Patról na póilíní (páirt a haon)

Die Polizeistreife (Teil 1)

Focail
Vokabeln

1. ag glamadh - heulende
2. aláram - Alarm
3. árd - hoch
4. bhéic - rief
5. bheith i bhfolach - versteckte
6. bhuail - traf
7. bonnán - Sirene
8. Cad í an fhadhb? - Was ist da los?
9. céad - hundert
10. ceangail - anschnallen
11. crios tarrthála - Sicherheitsgurte
12. damnaigh - verdammt
13. deabhadh - raste

14. d'fhan - wartete
15. dhéan - machte
16. dó dhéag - zwölf
17. d'oscail - öffnete
18. dúnta - geschlossen
19. eagla - ängstlich
20. eochar - Schlüssel
21. féach timpeall - umsehen
22. gabh le - begleitet
23. gach aon duine - alle
24. gadaí - Dieb
25. glais lámh - Handschellen
26. gunna - Waffe
27. luas - Geschwindigkeit
28. luasathóir - Raser
29. micreafón - Mikrofon
30. oifigeach - Polizeibeamter
31. praghas - Preis
32. robáil - Raubüberfall
33. sáirsint - Sergeant
34. tafann - bellte
35. teorainn - Grenze
36. thaispeáin - zeigte
37. theannaigh - trat
38. thiomáin - fuhr
39. thosnaigh - fuhr los
40. thriail - versuchte
41. thuig - verstanden
42. tirim - trocken
43. toraíocht - Verfolgung

B

Bhain Robert agus David amach an foirgneamh don nuachtán "Nuacht San Francisco" ag a cúig a chlog sa thráthnona an la dár gcion. Bhí an carr poilíní ag fanacht dóibh cheana féin. Chuaigh póilín amach as an gcarr.

"Haileo. Is mise sáirsint Frank Strict," ar seisean nuair a tháining David agus Robert go dtí an carr.

"Haileo. Táim sásta bualadh leat. Is mise Robert. Caithfimid teacht in éineacht leat," a d'fhreagair Robert.

Am nächsten Tag kamen Robert und David um siebzehn Uhr zum Gebäude der Zeitung ‚San Francisco News'. Das Polizeiauto wartete schon auf sie. Ein Polizist stieg aus dem Auto.

„Hallo. Ich bin Polizeihauptmeister Frank Strict", sagte er, als David und Robert zum Auto kamen.

"Hallo, schön, Sie kennenzulernen. Ich heiße Robert. Wir sollen Sie heute begleiten", antwortete Robert.

"Haileo. Is mise David. An raibh tú ag fanacht dúinn ar feadh tamaill fada?" a chesitigh David.

"No. Nilim ach tar éis teacht anseo. B'fhearra dúinn dul isteach sa charr. Tosnóimid ag patróláil na cathrach anois," arsa an póilín. Chuaigh siad go léir isteach sa charr póilíní.

"An bhfuil sibh ag dul in éineacht le patról póilín don chéad uair riamh?" a cheistigh an sáirsint Strict agus é ag tosnú an t-inneall.

"Níor chuamar in éineacht le patról póilíní riamh," a d'fhreagair David.

Ag an uair seo thosnaigh an raidió póilín ag labhairt: "Aire P11 agus P07! Tá carr gorm ag róluathú ar feadh sráid na hOllscoile."

"P07 tá sé agam," arsa an sáirsint Smith isteach sa mhicreafón. Ansin dúirt sé le na buachaillí: " Is é uimhir ár gcarr ná P07." Thiomáin carr mór gorm thar iad go han-tapaigh . Thóg Frank Strict an micreafón arís agus dúirt: "P07 ag labhairt anseo. Feicim an carr gorm atá ag róluathú. Tosnaigh an thorraíocht," ansin dúirt sé leis na buachaillí,

„Hallo, ich bin David. Haben Sie schon lange auf uns gewartet?", fragte David.

„Nein, ich bin gerade erst gekommen. Lasst uns einsteigen. Wir fangen jetzt mit der Streife in der Stadt an", sagte der Polizist. Sie stiegen alles ins Polizeiauto.

„Begleitet ihr zum ersten Mal eine Polizeistreife?", fragte Polizeihauptmeister Strict und machte den Motor an.

„Wir haben noch nie eine Polizeistreife begleitet", antwortete David.

In diesem Moment meldete sich der Polizeifunk: „Achtung P11 und P07! Ein blaues Auto fährt zu schnell auf der Universitätsstraße."

„P07 ist dran", sagte Polizeihauptmeister Strict ins Mikrofon. Dann sagte er zu den Jungs: „Die Nummer unseres Autos ist P07." Ein großes blaues Auto raste mit hoher Geschwindigkeit an ihnen vorbei. Frank Strict nahm das Mikrofon und sagte: „Hier spricht P07. Ich sehe das rasende Auto. Nehme die Verfolgung auf". Dann sagte

"Ceangail bhur gcrios tarrthála."
Thosnaigh an carr póilíní go
tapaigh. Theannaigh an sairsint ar
an ngás suas go dtí an stad agus
las sé an bonnan. Bhrostaíodar leis
an bonnan ag glamadh thar
foirgnimh, cairr agus busanna.
Chuir Frank Strict stop leis an
gcarr gorm. Ghabh an sáirsint
amach as an gcarr agus chuaigh se
go dtí an luasathóir. Chuaigh David
agus Robert ina dhiaidh.

"Is mise an póilín Frank Strict.
Taispeáin dom do cheadúnas ti-
omanaí, le do thoil," arsa an póilín
leis an luasathóir.

"Seo é mo cheadúnas ti-
omanaí," thaispeáin an tiomanaí a
cheadúnas tiománaí, "Cad í an
fhadhb?" a dúirt sé go feargach.

"Bhí tú ag tiomaint tríd na
cathrach le luas do chéad cili-
méadar is fiche in aghaidh na
huaire. Is é an uas-luasteorainn ná
caoga," arsa an sáirsint.

"Ah é seo. An bhfeiceann tú,
táim direach tar eis mo charr a
ghlanadh. Mar sin bhí me ag ti-
omáint beagán níos tapúla chun é
a thrimiú," a dúirt an fear le mean-
gadh sleamhnach.

er zu den Jungs: „Bitte anschnal-
len!" Das Polizeiauto fuhr
schnell los. Der Polizeihaupt-
meister trat das Gaspedal voll
durch und machte die Sirene an.
Mit heulender Sirene rasten sie
an Gebäuden, Autos und Bussen
vorbei. Frank Strict brachte das
blaue Auto zum Anhalten. Der
Polizeihauptmeister stieg aus
dem Auto aus und ging zu dem
Raser. David und Robert gingen
ihm nach.

„Ich bin Polizeibeamter
Frank Strict. Zeigen Sie mir bitte
Ihren Führerschein", sagte der
Polizist zu dem Raser.

„Hier ist mein Führer-
schein." Der Fahrer zeigte sei-
nen Führerschein. „Was ist los?",
fragte er wütend.

„Sie sind mit hundertzwan-
zig km/h durch die Stadt gefah-
ren. Die Geschwindigkeitsbe-
grenzung ist fünfzig", sagte der
Polizeihauptmeister.

„Ach so, das. Wissen Sie, ich
habe gerade mein Auto gewa-
schen. Ich bin ein bisschen
schneller gefahren, damit es
trocknet", sagte der Mann mit
einem schlauen Grinsen.

“An gcosnaíonn sé morán chun do charr a ghlanadh?” a chesitigh an póilín.

“Ní morán. Cosnaionn sé dhá dhollar déag,” arsa an luasathóir.

“Nil a fhios agat na praghasanna,” arsa an sáirsint Strict, “Le ceart cosnaíonn sé dhá chéad is dó dhéag dollar mar díolfaidh tú dhá chéad dollar chun an carr a thriomadh. Seo é an ticéad. Bíodh lá deas agat,” arsa an póilín. Thug sé ticéad luas do dhá chead dollar agus an ceadúnas tiománaí don luasathóir agus chuaigh se ar ais go dtí an carr poilíní.

“Frank, ceapaim go bhfuil an-chuid taithí agat le luasathóirí, nach bhfuil?” a cheistigh David an póilín.

“Bhuail mé le an-chuid dóibh,” arsa Frank agus é ag tosnu an t-inneall, “Ar dtús féachann siad ar nós tígear feargach nó madraí rua sleamhain. Ach tar éis a labhraim leo, féachann siad ar nós piscín eaglach nó moncaithe amaideach. Ar nós an ceann sin sa charr gorm.”

Idir an dá linn bhí carr beag bán ag tiomáint go mall ar feadh na sráide, ní ró-fhada ó phairc na

„Ist es teuer, Ihr Auto zu waschen?“, fragte der Polizist.

„Nein. Es kostet zwölf Dollar“, sagte der Raser.

„Sie kennen die Preise nicht“, sagte Polizeihauptmeister Strict. „In Wirklichkeit kostet es Sie zweihundertzwölf Dollar, denn Sie werden zweihundert Dollar fürs Trocknen zahlen. Hier ist der Strafzettel. Einen schönen Tag noch“, sagte der Polizist. Er gab dem Raser einen Strafzettel für Geschwindigkeitsüberschreitung über zweihundert Dollar und seinen Führerschein und ging zurück zum Polizeiauto.

„Frank, du hast viel Erfahrrung mit Rasern, nicht wahr?“, fragte David den Polizisten.

„Ich habe schon viele kennengelernt“, sagte Frank und machte den Motor an. „Zu erst sehen sie wie wütende Tiger oder schlaue Füchse aus. Aber nachdem ich mit ihnen gesprochen habe, sehen sie wie ängstliche Kätzchen oder dumme Affen aus. Wie der im blauen Auto.“

In der Zwischenzeit fuhr ein kleines, weißes Auto nicht weit vom Stadtpark langsam die

cathrach. Stad an carr in aice si-
opa. Ghabh fear agus bean amach
as an gcarr and chuaigh siad suas
go dtí an siopa. Bhí se dúnta.
D'fhéach an fear timpeall. Ansin go
tapaigh thóg sé amach roinnt
eochracha agus thriail sé an doras
a oscailt. Ar deireadh d'oscail sé é
agus chuadar isteach.

"Féach! Tá scata gunaí anseo!"
arsa an bhean. Thóg sí amach mála
mór agus thosnaigh sí ag cur gach
rud isteach ann. Nuair a bhí an
mála lán, thóg sí go dtí an carr é
agus tháining sí ar ais.

"Tóg gach rud go tapaigh! Oh!
Hata iontach!" arsa an fear. Thóg
sé hata mór dubh ó fhuinneog an
tsiopa agus chuir sé air é.

"Féach ar an ngúna seo! Is
maith liom é go mór!" arsa an
bhean agus go tapaigh chuir sí
uirthi an gúna. Ni raibh a thui-
lleadh málaí aici. Mar sin thóg sí
níos mó rudaí ina lámha, rith sí
lasmuigh agus chuir sí ar an gcarr
iad. Ansin rith sí laistigh chun a
thuilleadh rudaí a thabhairt léi.

Bhi an carr poilín P07 ag ti-
omáint go mall ar feadh páirc na
cathrach nuair a thosnaigh an

Straße entlang. Das Auto hielt in
der Nähe eines Ladens. Ein
Mann und eine Frau stiegen aus
und gingen zu dem Laden. Er
war geschlossen. Der Mann sah
sich um. Dann holte er schnell
einige Schlüssel hervor und ver-
suchte, die Tür zu öffnen.
Schließlich öffnete er sie, und sie
gingen hinein.

„Sieh, so viele Kleider",
sagte die Frau. Sie holte eine
große Tasche hervor und be-
gann, alles hineinzupacken. Als
die Tasche voll war, brachte sie
sie zum Auto und kam zurück.

„Nimm schnell alles! Oh!
Was für ein schöner Hut!", sagte
der Mann. Er nahm einen gro-
ßen schwarzen Hut aus dem
Schaufenster und zog ihn auf.

„Sieh dir dieses rote Kleid
an! Das finde ich toll!", sagte die
Frau und zog schnell das rote
Kleid an. Sie hatte keine Taschen
mehr. Deswegen nahm sie mehr
Sachen in die Hände, rannte
nach draußen und packte sie ins
Auto. Dann rannte sie nach drin-
nen, um noch mehr Dinge zu ho-
len.

Das Polizeiauto P07 fuhr ge-
rade langsam den Stadtpark ent-
lang, als sich der Funk meldete:

raidió ag labhairt: "Aire gach phatróil. Tá aláram robála againn ó shiopa in aice páirc na cathrach. Is é seoladh an tsiopa ná seachtó dó Sráid na Páirce.

"P07 tá sé agam," arsa Frank isteach sa mhicreafón, "Táim angharraid don áit seo. Tiomáinim ann." Fuair siad an siopa anthapaigh agus tiomáineadar suas go dtí an carr bán. Ansin ghabh siad amach as an gcarr agus chuaigh siad i bhfolach laistiar do. Rith an bhean sa ghúna nua amach as an siopa. Chuir sí roinnt gúnaí ar an gcarr poilíní agus rith sí thar n-ais isteach sa shiopa. Rinne an bhean é an-thapaigh. Ni fheaca sí gur charr poilíní a bhí ann!

"Damnaigh! Rinne mé dearmad ar mo ghunna sa stáisiún poilíní!" arsa Frank. D'fhéach Robert agus David ar an sáirsint Strict agus ansin in ionadh ar a gcéile. Bhí an méid sin mearbhall ar an bpoilín gur thuig David agus Robert go raibh orthu cabhair a thabhairt do. Rith an bhean amach as an siopa arís, chuir sí roinnt gúnaí ar an gcarr poilíní agus rith sí ar ais. Ansin dúirt David le Frank: "Is

„Achtung, alle Einheiten. Wir haben einen Einbruchsalarm aus einem Laden in der Nähe des Stadtparks. Die Adresse des Ladens ist Parkstraße 72."

„P07 ist dran", sagte Frank ins Mikro. „Ich bin ganz in der Nähe. Fahre dorthin." Sie hatten den Laden schnell gefunden und fuhren zu dem weißen Auto. Dann stiegen sie aus dem Auto aus und versteckten sich dahinter. Die Frau im roten Kleid kam aus dem Laden gerannt. Sie legte einige Kleider auf das Polizeiauto und rannte zurück in den Laden. Die Frau tat das sehr schnell. Sie sah nicht, dass es ein Polizeiauto war.

„Verdammt! Ich habe meine Waffe auf der Polizeiwache vergessen!", sagte Frank. Robert und David sahen Polizeihauptmeister Strict und dann einander überrascht an. Der Polizist war so verwirrt, dass David und Robert verstanden, dass er Hilfe brauchte. Die Frau rannte wieder aus dem Laden, legte Kleider auf das Polizeiauto und rannte zurück. Dann sagte David zu

féidir linn ligeant orainn go bhfuil gunnaí againn."

"Déanfaimid é," a d'fhreagair Frank, "Ach ná gabhadh sibhse suas. B'fhéidir go mbeidh gunnaí ag na gadaí," ar seisean agus ansin bhéic sé, "Is é seo na póilíní ag labhairt! Gach aon duine atá istigh sa shiopa cuir do lámha suas agus gabh amach as an siopa go mall duine ar dhuine!"

D'fhanadar ar feadh nóiméid. Níor tháining aon duine amach. Ansin bhí smaoineamh ag Robert.

"Muna dtagann tú amach anois, cuirfimid an madra póilíní oraibh!" a bhéic sé agus ansin rinne sé tafann ar nós madra mór feargach. Rith na gadaí amach lena lámha suas láithreach. Chuir Frank na glais lámh orthu go tapaigh agus chuir sé iad go dtí an carr poilíní. Ansin dúirt sé le Robert. "Smaoineamh iontach ab ea é ligeant orainn go bhfuil madra againn! An bhfeiceann tú, táim tar éis dearmad a dhéanamh ar mo ghunnaí dhá bhabhta cheana féin. Má bhfoghlamaíonn siad go bhfuilim tar éis dearmad a dhéanamh air don thriú babhta, b'fhéidir

Frank: „Wir können so tun, als ob wir Waffen haben."

„Lasst uns das machen", antwortete Frank. „Aber ihr steht nicht auf. Die Diebe haben vielleicht Waffen", sagte er und rief dann: „Hier spricht die Polizei! Alle, die im Laden sind, heben ihre Hände und kommen langsam einer nach dem anderen aus raus!"

Sie warteten eine Minute. Niemand kam. Dann hatte Robert eine Idee.

„Wenn ihr nicht rauskommt, hetzen wir den Polizeihund auf euch!", rief er und bellte wie ein großer, wütender Hund. Die Diebe kamen sofort mit erhobenen Händen herausgerannt. Frank legte ihnen schnell Handschellen an und brachte sie ins Polizeiauto. Dann sagte er zu Robert: „Das war eine gute Idee, so zu tun, als ob wir einen Hund hätten. Weißt du, ich habe meine Waffe schon zweimal vergessen. Wenn sie herausfinden,

go dtabharfaidh siad an bóthar dom nó cuirfidh siad iachall orm obair oifige a dhéanamh. Ní inseoidh sibh le aon duine faoi, an ninseoidh sibh?

"Cinnte, ní inseoidh mé!" arsa Robert.

"Ní inseoidh mé riamh," arsa David.

"Go raibh mile maith agaibh as cabhair a thabhairt dom, a bhuachaillí!" chrith Frank a lámha go láidir.

dass ich sie zum dritten Mal vergessen habe, feuern sie mich vielleicht oder lassen mich Büroarbeit machen. Ihr erzählt es doch niemandem, oder?"

„Natürlich nicht!", sagte Robert.

„Nie", sagte David.

„Vielen Dank für eure Hilfe, Jungs!" Frank schüttelte ihnen kräftig die Hand.

Words

Text

28

An patról póilíní (páirt a dó)
Die Polizeistreife (Teil 2)

 **A**

Focail
Vokabeln

1. airgead - Kasse, Bargeld
2. annamh - selten
3. aon cheann, chomh maith, chomh maith - entweder, auch
4. bruigh - drücken
5. cé - wessen, dessen
6. chas - drehte
7. chonaic - sah
8. cnaipe - Knopf
9. cosain - schützen
10. d'fhreagair - antwortete
11. d'oscail - öffnete
12. duine éigin - jemand
13. fir - Männer
14. fón - Telefon
15. fós - noch
16. Gabh mo leithscéal - Entschuldigen Sie bitte.

17.   gadaí - Räuber

18.   gadaíocht - Raubüberfall

19.   gan aithne - bewusstlos

20.   ghlaoigh - klingelte

21.   glaoch a chuir - anrufen

22.   glic - schlau

23.   gloine - Glas

24.   gnách - gewöhnlich

25.   go rúnda - heimlich

26.   goidithe - gestohlen

27.   imithe - ging

28.   inné - gestern

29.   is mise le meas - Hochach-
tungsvoll

30.   lámhach - schoss

31.   lárionad siopadóireachta - Einkaufszentrum

32.   leithscéal - entschuldigen Sie

33.   mo - meine

34.   póca - Tasche

35.   ricochet - zurück abprallen

36.   sábhálta - Tresor

37.   scipead cláraithe - Kasse

38.   soghluaiste - Handy

39.   thógadh - genommen

 **B**

An lár dár gcion bhí David agus Robert i dteannta Frank arís. Bhí siad ag seasamh in aice lárionad siopadóireacht mór nuair a tháining bean chucu.

"An bhféidir leat cabhair a thabhairt dom, le do thoil?" a cheistigh sí.

"Cinnte, a bhean uasal. Cad a thárla?" a cheistigh Frank.

"Tá mo fhón soghluaiste imithe. Ceapaim go ngoideadh é."

"An raibh sé in úsáid inniu?" a cheistigh an póilín.

Am nächsten Tag begleiteten Robert und David Frank wieder. Sie standen neben einem großen Einkaufszentrum, als eine Frau zu ihnen kam.

„Können Sie mir bitte helfen?", fragte sie.

„Natürlich. Was ist passiert?", fragte Frank.

"Mein Handy ist weg. Ich glaube, es wurde gestohlen."

"Haben Sie es heute schon benutzt?", fragte der Polizist.

"D'úsáid mé é sara ndeachaigh mé amach go dtí an lárionad siopadóireachta," a d'fhreagair sí.

"Rachfaimid laistigh," arsa Frank. Chuaigh siad isteach sa lárionad siopadóireachta agus d'fheachadar timpeall. Bhí scata daoine ann.

"Trialfaimid sean chleas," arsa Frank agus é ag tógaint amach a fhón féin, "Cad é d'uimhir fhón?" a cheistigh sé an bhean. Dúirt sí éagus chuir sé glaoch ar a huimhir fón. Thosnaigh fón soghluaiste ag bualadh ní rófhada uathu. Chuaigh siad go dtí an áit a bhí sé ag bualadh. Bhí ciú ann. D'fheach fear sa chiú ar an bpóilín agus ansin chas sé a cheann uaidh go tapaigh. Chuaigh an poilín níos giorra ag éisteacht go cúramach. Bhí an fón ag bualadh i bpóca an fhir.

"Gabh mo leithscéal," arsa Frank. D'fheach an fear air.

"Gabh mo leithscéal, ta dó fhón ag bualadh," arsa Frank.

"Cén áit?" arsa an fear.

"Anseo, i do phóca," arsa Frank.

„Ich habe es benutzt, bevor ich das Einkaufszentrum verlassen habe", antwortete die Frau.

„Lasst uns reingehen", sagte Frank. Sie gingen ins Einkaufszentrum und sahen sich um. Viele Leute waren da.

„Lasst uns einen alten Trick versuchen", sagte Frank und holte sein eigenes Handy hervor. „Wie ist Ihre Nummer?", fragte er die Frau. Sie sagte sie ihm, und er wählte. Nicht weit von ihnen klingelte ein Handy. Sie gingen zu der Stelle, an der es klingelte. Dort war eine Schlange. Ein Mann in der Schlange sah den Polizisten an und schaute dann schnell weg. Der Polizist ging näher hin und horchte aufmerksam. Das Handy klingelte in der Tasche des Mannes.

„Entschuldigen Sie", sagte Frank. Der Mann sah ihn an.

„Entschuldigen Sie, Ihr Handy klingelt", sagte Frank.

„Wo?", sagte der Mann.

„Hier, in ihrer Tasche", sagte Frank.

"No, níl sé," arsa an fear.

"Sea, tá sé," arsa Frank.

"Ní liomsa é," arsa an fear.

"Mar sin cé leis an fón atá ag bualadh i do phóca?" arsa Frank.

"Níl a fhios agam," a d'fhreagair an fear.

"Lig dom feiscint, le do thoil," arsa Frank agus thóg sé an fón amach as póca an fhir.

"Oh, is liomsa é!" a bhéic an bhean.

"Tóg do fhón, a bhean uasal," arsa Frank agus é ag tabhairt an fhóin di.

"An bhféidir liom, a fhear uasal?" a cheistigh Frank agus chuir sé a lámh isteach i bpóca an fhir arís. Thóg sé amach fón eile, agus ansin ceann amháin eile.

"Nach leatsa iad seo ach an oiread?" a chesitigh Frank an fear.

Chruth an fear a cheann ag féachaint an treo eile.

"Nach aisteach na fóin iad seo!" a bhéic Frank, "Rith siad óna n-úinéirí agus léim siad isteach i bpócaí an fhir seo! Agus anois ta

„Nein, es klingelt nicht", sagte der Mann.

„Doch, es klingelt", sagte Frank.

„Das ist nicht meins", sagte der Mann.

„Wessen Telefon klingelt dann in Ihrer Tasche?", fragte Frank.

„Ich weiß es nicht", antwortete der Mann.

„Zeigen Sie es mir bitte", sagte Frank und holte das Handy aus der Tasche des Mannes.

„Oh, das ist meins!", rief die Frau.

„Hier, nehmen Sie Ihr Telefon", sagte Frank und gab es ihr.

„Darf ich?", fragte Frank und steckte seine Hand wieder in die Tasche des Mannes. Er holte ein anderes Handy hervor und dann noch eins.

„Gehören die auch nicht Ihnen?", fragte Frank den Mann.

Der Mann schüttelte den Kopf und sah weg.

„Was für seltsame Handys!", rief Frank. „Sie sind ihren Besitzern davongelaufen und in die

siad ag bualadh ina phócaí, nach bhfuil siad?"

"Sea, tá siad," arsa an fear.

"Ta a fhios agat, is e mo jab na daoine a chosaint. Agus cosnóidh mé tusa uathu. Téir isteach i mo charr agus tabharfaidh mé tú go dtí an áit nach bhféidir le aon fhón léimeadh isteach i do phóca. Rachfaimid go dtí stáisiún na pólíní," arsa an póilín. Ansin thóg sé an fear faoina ghéag agus thóg sé é go dtí a charr.

"Is maith liom coiriúlaigh amaideach," rinne Frank Strict meangadh tar éis a thógadar an gadaí go dtí stáisiún na póilíní.

"Ar bhuail tú le cinn cliste?" a cheistigh David.

"Sea, bhuail mé. Ach ní ró-annamh," a d'fhreagair an poilín, "Mar tá sé an-dheacair breith ar choiriúil cliste."

Idir an dá linn tháinig beirt fhear isteach sa Bhanc Luais. Thóg ceann dóibh áit sa chiú. Tháining ceann eile suas go dtí an scaipéad cláraithe agus thug sé paipéar go dtí an t-

Tasche dieses Mannes gesprungen! Und jetzt klingeln sie in seiner Tasche, oder nicht?"

„Ja, das tun sie", sagte der Mann.

„Wie Sie wissen, ist es mein Job, Menschen zu beschützen. Und ich werde Sie vor ihnen beschützen. Steigen Sie in mein Auto, und ich bringe Sie an einen Ort, wo kein Telefon in Ihre Tasche springen kann. Wir fahren aufs Revier", sagte der Polizist. Dann nahm er den Mann am Arm und brachte ihn zum Auto.

„Ich mag dumme Verbrecher", sagte Frank Strict grinsend, nachdem sie den Dieb aufs Revier gebracht hatten.

„Hast du schon schlaue getroffen?", fragte David.

„Ja, das habe ich. Aber es passiert selten"; antwortete der Polizist. „Denn es ist sehr schwer, einen schlauen Verbrecher zu fangen."

In der Zwischenzeit betraten zwei Männer die Express Bank. Einer von ihnen stellte sich in der Schlange an. Ein anderer ging zur

airgeadóir. Thóg an t-airgeadóir
an paipéar agus léigh:

"A dhuine uasal,

Seo gadaíocht don Bhanc Lu-
ais. Tabhair dom d'airgead ar fad.
Muna dtugann tú, mar sin úsáid-
fidh mé mo ghunna. Go raibh
maith agat.

Is mise le meas,

Bob"

"Is dóigh liom go bhfeidir
liom cabhair a thabhairt duit,"
arsa an t-airgeadóir ag brú go
rúnda an cnaipe aláram, "Ach
chuir mise an t-airgead faoi ghlas
sa thaisceadán inné. Níor os-
claíodh an taisceadán fós. Cuir-
fidh mé ceist ar dhuine éigin an
taisceadán a oscailt agus an t-air-
gead a thabhairt. OK?"

"OK! Ach déan é go tapaigh!"
a d'fhreagair an gadaí.

"An ndéanfaidh mé cupán
caife agus an t-airgead á chuir is-
teach sna málaí?" a cheistigh an t-
airgeadóir.

"No, go raibh maith agat. Dí-
reach airgead," a d'fhreagair an
gadaí.

Kasse und gab dem Kassierer ei-
nen Zettel. Der Kassierer nahm
den Zettel und las.

„Sehr geehrter Herr,

das ist ein Überfall auf die
Express Bank. Geben Sie mir alles
Geld. Wenn Sie es nicht tun,
werde ich meine Waffe benutzen.
Danke.

Hochachtungsvoll,

Bob"

„Ich denke, ich kann Ihnen
helfen", sagte der Kassierer, wäh-
rend er heimlich den Alarmknopf
drückte. „Aber das Geld wurde
gestern von mir im Tresor einge-
schlossen. Der Tresor wurde
noch nicht geöffnet. Ich werde je-
manden bitten, den Tresor zu öff-
nen und das Geld zu bringen.
Okay?"

„Okay. Aber schnell!", ant-
wortete der Dieb.

„Hätten Sie gerne eine Tasse
Kaffee, während das Geld in Ta-
schen gepackt wird?", fragte der
Kassierer.

„Nein, danke. Nur Geld", ant-
wortete der Dieb.

Thosnaigh an raidió sa charr póilín P07 ag labhairt: "Aire na patróil ar fad. Tá aláram gadaithe againn ón mBanc Luais."

"P07 tá sé agam," a d'fhreagair an sáirsint Strict. Theannaigh sé ar an ngás suas go dtí an stadagus thosnaigh an carr go tapaigh. Nuair a thiománandar suas go dtí an banc, ní raibh aon charr póilíní eile ann fós.

"Deanfaimid tuairisc suimiúil má théifimid isteach," arsa David.

"Sibhse déan cad a chaithfidh sibh a dhéanamh. Agus rachfaidh mise laistigh tríd an cúldorais," arsa an sáirsint Strict. Thóg sé amach a ghunna agus go tapaigh chuaigh sé go dtí cúldorais an bhainc. Chuaigh David agus Robert isteach sa bhanc tríd an doras lárnach. Chonaic siad fear ina sheasamh in aice an scipéad cláraithe. Chuir se lámh amháin ina phóca agus d'fheach sé timpeall. Thóg an fear, a tháining i dteannta leis, coiscéim ón gciú agus tháinig sé suas chuige.

"Cá bhfuil an t-airgead?" a cheistigh sé Bob.

Der Funk im Polizeiauto P07 meldete sich: „Achtung, alle Einheiten. Überfallalarm in der Express Bank."

„P07 ist dran", antwortete Polizeihauptmeister Strict. Er trat aufs Gas, und das Auto fuhr schnell los. Als sie an der Bank ankamen, war noch kein anderes Polizeiauto da.

„Das wird ein interessanter Bericht, wenn wir reingehen", sagte David.

„Ihr Jungs macht, was ihr braucht. Ich gehe durch die Hintertür rein", sagte Polizeihauptmeister Strict. Er holte seine Waffe raus und ging schnell zur Hintertür der Bank. David und Robert betraten die Bank durch die Eingangstür. Sie sahen einen Mann in der Nähe der Kasse stehen. Er hatte eine Hand in seiner Tasche und sah sich um. Der Mann, der mit ihm gekommen war, ging aus der Schlange zu ihm.

„Wo ist das Geld?", fragte er Bob.

"Roger, tá an t-airgeadóir tar éis rá go bhfuilfear á chuir isteach sna málaí," a d'fhreagair gadaí eile.

"Táim tuirseach do bheith ag fanacht!" arsa Roger. Thóg sé gunna agus phointeáil sé é ar an n-airgeadóir, "Tabhair an t-airgead ar fad anois!" a bhéic an gadaí ar an n-airgeadóir. Ansin chuaigh sé go dtí lár an tseomra agus bhéic sé: "Éist gach aon duine! Seo gadaíocht! Ná bogadh aon duine!" Ag an uair seo bhog duine éigin in aice an scipéid cláraithe. Lamhach an gadaí leis an ngunna gan féachaint. Thit gadaí eile ar an n-úrlár agus bhéic sé: "Roger! A amadáin! Damnaigh! Lamhach tú mé!"

"Oh Bobby! Ní fheaca mé thú!" arsa Roger. Ag an uair seo rith an t-airgeadóir amach go tapaigh.

"Tá an t-airgeadóir tar éis éalú agus nílfear tar éis an t-airgead a thógaint fós! A bhéic Roger go dtí Bob, " D'fhéadadh na poilíní teacht go luath! Cad a dheanfaimid?"

"Roger, der Kassierer hat gesagt, dass es in Taschen gepackt wird", antwortete der andere Dieb.

"Ich habe es satt, zu warten", sagte Roger. Er holte seine Waffe hervor und richtete sie auf den Kassierer. "Bringen Sie jetzt alles Geld!", schrie er. Dann ging er in die Mitte des Raums und rief: "Alle herhören! Das ist ein Überfall! Niemand bewegt sich!" In diesem Moment bewegte sich jemand in der Nähe der Kasse. Der Dieb mit der Waffe schoss auf ihn, ohne hinzuschauen. Der andere Dieb fiel auf den Boden und rief: "Roger! Du Vollidiot! Verdammt! Du hast mich angeschossen!"

"Oh, Bobby! Ich habe nicht gesehen, dass du das bist!", sagte Roger. In diesem Moment rannte der Kassierer schnell nach draußen.

"Der Kassierer ist weggerannt, und das Geld ist noch nicht hierher gebracht worden!", rief Roger Bob zu. "Die Polizei kann jeden Moment kommen! Was sollen wir machen?"

"Tóg rud éigin mór, bris an ghloine agus tóg an t-airgead. Go tapaigh!" a bhéic Bob. Thóg Roger cathaoir mhiotal agus bhuail sé gloine an scipéad cláraithe. Ní ghnáth gloine a bhí ann gan dabht agus níor bhris sé. Ach chuaigh an chathaoir thar n-ais trí ricochet agus bhuail sé an gadaí sa cheann! Thit sé ar an n-úrlár gan aithe. Ag an uair seo rith an sáirsint Strict isteach agus go tapaigh agus chuir sé na glais lámh ar na gadaithe. Chas sé go dtí David agus Robert.

"Dúirt libh! Tá an cuid is mó do choiriúlaigh amaideach!" ar seisean.

Words

„Nimm etwas Großes, zerschlag das Glas und nimm das Geld! Schnell!", rief Bob. Roger nahm einen metallenen Stuhl und schlug auf das Glas der Kasse. Natürlich war es kein gewöhnliches Glas und zerbrach nicht. Doch der Stuhl prallte zurück und traf den Dieb am Kopf! Er fiel bewusstlos zu Boden. In diesem Moment kam Polizeihauptmeister Strict hereingerannt und legte den Dieben schnell Handschellen an. Er drehte sich zu David und Robert um.

„Hab ich es doch gesagt! Die meisten Verbrecher sind einfach nur dumm!", sagte er.

Text

29

Scoil do dhaltaí eachtrannach (SDE) agus au pair

Schule für Austauschschüler (SAS) und Au-pair

A

Focail

Vokabeln

1. ag foghlaim - Lernen
2. an clann óstaigh - die Gastfamilie
3. aontú - Vereinbarung
4. athraigh - ändern
5. caighdeán - Standard
6. chomh maith - auch
7. cláraigh - beitreten
8. comórtas - Wettbewerb
9. cúrsa - Kurs
10. dáta - Datum
11. dhá bhabhta - zweimal
12. dóchas - Hoffnung
13. duine - Person
14. fadhb - Problem
15. féidearthacht - Möglich-keit
16. glaoch - telephonierte

17. iníon - Tochter
18. íoctha - bezahlt
19. is giorre - nächste
20. leatromach - gerecht
21. litir - Brief
22. mar, ó - weil, da
23. Meiriceá Thuaidh agus an Eoráise - Nordamerika und Eurasien
24. mhair - wohnte
25. na Stáit Aontaithe, na SAM - die Vereinigten Staaten, die USA
26. ó - seit (zeitlich)
27. óstach - Gastgeber
28. pá - zahlen
29. phasáil - bestanden
30. phioc - wählte
31. pioc - wählen
32. rannpháirtí - Teilnehmer
33. ríomhphost - E-Mail
34. scríobh - schrieb
35. seirbhíseach - Bediensteter
36. seolta - sendete
37. sinsear - ältere
38. sráidbhaile - Dorf
39. suíomh idirlíne - Internet-Seite
40. thugadh cuairt ar - besuchte
41. tír - Land
42. uair - einmal

B

Mhair deirfiúr, deartháir agus tuismitheoirí Robert sa Ghearmáin. Mhair siad i Hannover. Gabi an t-ainm a bhí ar an ndeirfiúr. Bhí sí fiche bliain d'aois. D'fhoghlaim sí Béarla ó a bhí sí aon bhliain déag d'aois. Nuair a bhí Gabi cúig bhliain déag d'aois, theastaigh uaithi páirt a ghlacadh sa chlár SDE. Tugann SDE an seans do dhaltaí dara leibhéal ón nEoráise bliain

Roberts Schwester, Bruder und Eltern lebten in Deutschland. Sie wohnten in Hannover. Seine Schwester hieß Gabi. Sie war zwanzig Jahre alt. Sie lernte Englisch, seit sie elf war. Als Gabi fünfzehn war, wollte sie an dem Programm SAS teilnehmen. SAS gibt Highschool-Schülern aus Eurasien die Möglichkeit, ein Jahr in den

a chaitheamh i SAM, ag mair-
eachtaint le clann óstaighagus ag
staidéar i meánscoil Me-
iriceánach. Tá an clár saor in
aisce. Díolann an SDE as na
ticeidí eitleáin, ag maireachtaint
leis an gclann, bia, an staidéar ag
an meánscoil Meiriceánach. Ach
faoin dtráth go bhfuair sí an t-eo-
las mar gheall ar dháta an
chomórtais ó shuíomh idirlíne,
bhí lá an chomórtais tar éis
imeacht.

Ansin d'fhoghlaim sí faoin
gclár au pair. Tugann an clár seo
seans dona ronnpháirtithe bliain
nó dhó a chaitheamh i dtír eile le
clann óstaigh, ag tabhairt aire do
leanaí agus ag foghlaim i gcúrsa
teangacha. Toisc go raibh Robert
ag déanamh staidéar i San Fran-
cisco, scríobh Gabi ríomhphost
chuige. D'iarr sí air chun chlann
óstaigh a fháil di i SAM. D'fhéach
Robert tríd roinnt nuachtáin
agus suíomhanna idirlíne le
fógraí. Fuair sé roinnt clainne
óstach ó SAM ag
http://www.aupair-world.net/.
Ansin thóg Robert cuairt ar
gnólacht au pair i San Francisco.

USA zu verbringen, in einer Gast-
familie zu leben und eine ameri-
kanische Schule zu besuchen. Das
Programm ist kostenlos. Das Flug-
ticket, die Unterkunft in der Fami-
lie, Essen und das Besuchen der
amerikanische Schule werden von
SAS gezahlt. Aber als sie sich auf
der Website über die Ausschrei-
bung informierte, war die Frist
schon abgelaufen.

Dann erfuhr sie von dem Au-
pair-Programm. Dieses Programm
ermöglicht es den Teilnehmern,
ein oder zwei Jahre in einem an-
deren Land zu verbringen, bei ei-
ner Gastfamilie zu leben, sich um
die Kinder zu kümmern und eine
Sprachschule zu besuchen. Da Ro-
bert gerade in San Francisco stu-
dierte, schrieb Gabi ihm eine E-
Mail. Sie bat ihn darum, eine Gast-
familie für sie in den USA zu fin-
den. Robert sah Zeitungen und
Websites mit Anzeigen durch. Er
fand amerikanische Gastfamilien
auf http://www.aupair-
world.net/. Dann ging Robert zu
einer Au-pair-Vermittlung in San
Francisco. Er wurde von einer

Fuair sé comhairle ó bhean. Alice Sunflower ab ainm di.

"Ta mo dheirfiúr ón nGearmáin. Ba mhaith léi a bheith mar au pair le clann Meiriceánach. An bhféidir leat cabhair a thabhairt ar an n-ábhar seo?" a chesitigh Robert Alice.

"Beidh mé an-shásta cabhair a thabhairt duit. Cuirfimid au pairs le clainne ar fud SAM. Duine a chláraíonn le clann óstaigh chun cabhair a thabhairt timpeall an tí agus aire a thabhairt do leanaí is ea au pair. Tá ar an gclann óstaigh díol do chúrsa teanga don au pair chomh maith," arsa Alice.

"An bhfuil clainne maith agus olc?" a cheistigh Robert.

"Tá dhá fhadhb agus clann á roghnú agat. Ar an gcéad dul síos ceapann clainne áirithe go searbhónta iad au pair a chaithfidh gach rud a dhéanamh sa theach, cócaireacht do gach ball don chlann, glandadh, obair sa gháirdín srl. san áireamh. Ach ní shearbhónta iad au pair. Tá au pair ar nós iníon nó mac sinsear

Frau beraten. Sie hieß Alice Sunflower.

„Meine Schwester ist aus Deutschland. Sie würde gerne als Au-pair bei einer amerikanischen Familie arbeiten. Können Sie mir helfen?", fragte Robert Alice.

„Natürlich, sehr gerne. Wir vermitteln Au-pairs an Familien überall in der USA. Ein Au-pair kommt in eine Gastfamilie, um im Haus zu helfen und sich um die Kinder zu kümmern. Die Gastfamilie gibt dem Au-pair Essen, ein Zimmer und Taschengeld. Das Taschengeld liegt zwischen zweihundert und sechshundert Dollar. Die Gastfamilie muss auch einen Sprachkurs für das Au-pair bezahlen", sagte Alice.

„Gibt es gute und schlechte Familien?", fragte Robert.

„Es gibt zwei Probleme bei der Wahl einer Familie. Zum einen denken manche Familien, dass ein Au-pair ein Bediensteter sei, der alles im Haus machen muss, einschließlich für die ganze Familie kochen, putzen, waschen, Gartenarbeit usw. Aber ein Au-pair ist kein Bediensteter. Ein Au-pair ist wie eine ältere Tochter oder ein älterer Sohn der Familie, der den Eltern mit den jüngeren Kindern

don chlann a chabhraíonn leis an gclann óstaigh. Ná creid é nuair a deir roinnt gnólaigh au pair nó clainne óstach go n-úsaideann siad aontú "caighdeánach". Níl aon aontú caighdeánach. Is féidir leis an au pair aon pháirt don aontú a athrú má thá sé mí-fhéarálta. Caithfidh gach rud a dhéanfaidh au pair agus clann óstaigh a scríobh síos in aontú.

Is í an dara fhadhb ná é seo: Maireann clainne áirithe i sráidbhailte beaga nach bhfuil aon chúrsaí teangacha agus níl morán áiteanna go bhféidir le au pair dul ina am spárálta. Sa chás seo caithfear aontú a chuir san áireamh go gcaithfidh an clann óstach díol i gcomhair ticéidí dhá shlí go dtí an baile mór is giorre nuair a théann an au pair ann. D'fheadadh sé a bheith uair nó dhó sa seachtain."

"Feicim. Ba mhaith le mo dheirfiúr clann ó San Francisco. An bhféidir leat clann maith a aimsiú sa chathair seo?" a cheistigh Robert.

"Bhuel, ta timpeall fiche clainne ó San Francisco anois," a

hilft. Um ihre Rechte zu schützen, müssen die Au-pairs eine Vereinbarung mit der Gastfamilie ausarbeiten. Glaub bloß nicht, wenn Au-pair-Vermittlungen oder Gastfamilien sagen, dass sie eine Standardvereinbarung verwenden. Es gibt keine Standardvereinbarung. Das Au-pair kann jeden Teil der Vereinbarung ändern, wenn sie ungerecht ist. Alles, was ein Au-pair und die Gastfamilie machen, muss schriftlich in der Vereinbarung festgehalten werden.

Das zweite Problem ist: Manche Familien leben in kleinen Dörfern, in denen es keine Sprachkurse und wenige Orte gibt, wo das Au-pair in seiner Freizeit hingehen kann. In diesem Fall muss die Vereinbarung enthalten, dass die Gastfamilie für Hin- und Rückfahrkarten in die nächste größere Stadt zahlen muss, wenn das Au-pair dorthin fährt. Das kann ein- oder zweimal die Woche sein."

„Alles klar. Meine Schwester hätte gerne eine Familie aus San Francisco. Können Sie eine gute Familie in dieser Stadt finden?", fragte Robert.

„Na ja, im Moment haben wir etwa zwanzig Familien aus San

d'fhreagair Alice. Chuir sí glaoch ar chuid dóibh. Bhí na clainne óstach sásta au pair ón nGearmáin a bheith acu. Theastaigh ón gcuid is mó de na clainne litir le grianghraf a fháil ó Ghabi. Theastaigh ó chuid dóibh chomh maith glaoch fón a chuir uirthi chun déanamh cinnte go labhrann sí beagán Béarla. Ansin sheol sí litreacha chucu. Ar deireadh phioc sí clann oiriúnach agus le cabhair ó Alice d'oibrigh sí amach aontú leo. D'íoc an chlann don thicéad ón nGearmáin go dtí SAM. Ar deireadh thosnaigh Gabi i gcomhair SAM lán do dhóchas agus taibrimh.

Francisco", antwortete Alice. Sie rief ein paar von ihnen an. Die Gastfamilien waren froh, ein Au-pair-Mädchen aus Deutschland zu bekommen. Die meisten Familien wollten einen Brief mit einem Foto von Gabi. Manche wollten sie auch anrufen, um sicherzugehen, dass sie ein bisschen Englisch sprach. Also gab Robert ihnen ihre Telefonnummer. Ein paar Gastfamilien riefen Gabi an. Dann schickte sie ihnen Briefe. Schließlich entschied sie sich für eine passende Familie und arbeitete mit Alices Hilfe eine Vereinbarung mit ihnen aus. Die Familie bezahlte das Ticket von Deutschland in die USA. Schließlich fuhr Gabi voller Hoffnungen und Träume in die USA.

Words

Text

a - ihr; a leabhar - ihr Buch
a - liebe
a - sein, seine
a bheith ar leanúint - Fortsetzung folgt
a bheith brónach - bedauern
a bheith náirithe - sich schämen
a chlog - Uhr
a chur ort - anziehen
a mholadh - empfehlen
abair - sagen
ach - aber
aer - Luft
ag - bei, in
ag a haon a chlog - um ein Uhr
ag an am céanna - gleichzeitig
ag damhsa - tanzen
ag foghlaim - Lernen
ag foilsiú - Verlag
ag glamadh - heulende
ag leath uair tar éis a hocht - um halb neun
ag obair - arbeiten
ag rith - hier führen
ag snámháil - schwimmen
ag teastáil - brauchen, wollen
ag titim - fallende
ag, aige', aici - haben
aghaidh - Gesicht
agus - und
agus é ag - während
aimsir - Wetter
ainm - Name
ainmhí - Tier
aird - Aufmerksamkeit
aird a thabhairt do - achten auf
aire - sich kümmern
airgead - Geld, Kasse, Bargeld
aisteach - fremd
aistritheoir - Übersetzer
áit - Platz

aithníonn siad a chéile - sich kennen
álainn - schön
aláram - Alarm
am - Zeit
am saor - Freizeit
amaideach - dumm
amárach - morgen
an- - sehr; wirklich
an clann óstaigh - die Gastfamilie
an Domhan - Erde
an Pholainn - Polen
an stuif seo - dieses Zeug
an-chuid oibre a bheith agat - viel Arbeit haben
annamh - selten
anois - jetzt
anseo - hier (Ort)
anseo tá - hier ist
ansin - dann; dort
aoi - Gast
aois - Alter
aon - ein; jeder
aon cheann, chomh maith, chomh maith - entweder, auch
aon duine - niemand
aon rud - alles
aon-dhéag - elf
aontaigh - einverstanden
aontú - Vereinbarung
ar - an, auf
ár - unser
ar a laghad - zumindest
ar an eolas - informiert
ar chos - zu Fuß
ar deireadh - endlich
ar dheis - rechts
ar dtús - anfangs
ar feadh - entlang
ar fheabhas - Super
arán - Brot

árd - hoch
ardaitheoir - Aufzug
arís - nochmal, wieder
as ord - außer Betrieb
aspirin - Aspirin
athair - Papa
athraigh - ändern
athshlánaigh - hier gesund pflegen
athshlánú - Rehabilitation
ba cheart, ba chóir - muss
babóg, dollaí - Puppe
bac - ärgern
bád - Schiff
baile - Haus, Heim; Stadt
bain amach - ankommen
bain taitneamh as - Spaß haben
baineann - weiblich
báisteach - Regen
ball - Mitglied
bán - weiß
bánán, folamh - leer
banc - Bank
básaigh - sterben
beag - klein
beagán - leicht; wenige
bean - Frau
b'fhéidir - kann, fähig
bhás - starb
bhéic - rief
bheith i bhfolach - versteckte
bhí - hatte; war; waren
bhí fhios - wusste
bhí grá - liebte
bhog - bewegten
bhuail - traf
bí - sein
bí ar an eolas faoi - kennen
bia - Lebensmittel
bileog - ein Blatt (Papier)
billiún - Milliarde
binse - Bank

bíp - Piepton
blasta - lecker
bláth - Blume
bliain - Jahr
bliain ó shin - vor einem Jahr
bocht - Arm
bog - warm, erwärmen
boird - Tische
boladh dona - stinkend
bonnán - Sirene
bord - Tisch
bord leithris - Badezimmertisch
bosca - Kiste
bóthar - Straße
braistint, braith - Gefühl
breá - fein
bréagán - Spielzeug
breith - fangen
bricfeasta - Frühstück
bricfeasta a bheith agat - frühstücken
briseadh, sos - Pause
brístí - Hose
brón - traurig
bronntanas - Begabung
bruigh - drücken
buachaill - Freund; Junge
buail - treffen; schlagen
buí - gelb
buicéad - Eimer
bus - Bus
cá - wo
cabhair - Hilfe
cábla - Kabel
cad - was
Cad í an fhadhb? - Was ist da los?
caife - Cafe; Kaffee
caighdeán - Standard
cailín - Freundin; Mädchen
caint - sprechen
cairdiúil - freundlich
caith - verbringen

can - singen
cangarú - Känguru
captaen - Kapitän
cara - Freund
carr - Wagen
cas - drehen
cás - Situation
cas amach - ausschalten
cas ar siúl - anmachen
cat - Katze
cathain - wann
cathair - Stadt
cathaoir - Stuhl
cé - wer; wessen, dessen
cé acu - welcher
cé go - obwohl
ceacht - Lektion
ceachtanna - Hausaufgaben
céad - hundert
ceadúnas tiománaí - Führer-
schein
Ceanada - Kanada
Ceanadach - Kanadier
ceangail - anschnallen
ceann amháin eile - noch einer
ceann eile - andere, ein weiterer
ceannaigh - kaufen
ceannaire - Führer
ceapaire - Sandwich
cearnóg - Platz
ceart, i gceart - richtig
ceathar - vier
ceathrú - vierte
céim - Schritt
ceimic - chemisch, Chemie
ceimicí - Chemikalien
ceistneoir - Fragebogen
ceol - Musik
chas - drehte
cheana féin - bereits
chomh maith - auch

chomh minic is gur féidir - so oft
wie möglich
chonaic - sah
chrith - wackelte
chuala - hörte
chuir sé/sí ceist ar - fragte
ciliméadar - Kilometer
cinnte - sicher
cistin - Küche
citeal - Kessel
ciú - Warteschlange
ciúin, go ciúin - still
cladach - Küste; Ufer
clann - Familie
clár - Programm
cláraigh - beitreten
clé - links
cleas - Trick
cleas a shábháladh saol -
Rettungstrick
cliste - schlau
cloch - Stein
clós - Hof
cluas - Ohr
club - Verein
cnaipe - Knopf
cócaireacht - Kochen
cócaireán - Kocher
codladh - schlafen
cogadh - Krieg
cógaslann - Apotheke
coileáinín - Welpe
coiriúil - kriminell
comhairleach - Berater
comhairleacht - Beratung
comharsa - Nachbar
comhghleacaí oibre - Kollege
comhlacht - Unternehmen
comhordú - Koordination
comhthíoch - Außerirdische
comórtas - Wettbewerb
conas - wie

cos - Bein; Fuß
cosain - schützen
coscán - Bremse
costas - kosten
cothú - füttern
creid - glauben
críoch - beenden
críochnaithe - beendet
crios tarrthála - Sicherheitsgurte
criostal - Kristall
crith - zittern
cruaigh, díon, deacair - hart
crúsca - Krug
cruthaitheach - kreativ
cuid - etwas, einige
cuiditheoir - Helfer
cúig - fünf
cúig déag - fünfzehn
cúigiú - fünfte
cuimhnigh - erinnerte sich
cuimil - reiben
cuir ceist, fiafraigh, iarr - fragen
cuir in iúl do - informieren
cuir isteach ar - sich bewerben
cuir líne faoi - unterstreichen
cum - zusammenstellen
cupa - Tasse
cúramach - vorsichtig
cúrsa - Kurs
custaiméir - Kunde
daichead a ceathar - vierundvier-
zig
Daidí - Papa, Vati
dáiríre - ernst
dála an scéil - übrigens
dalta - Student
daltaí - Studenten
damhsaigh - tanzte
damnaigh - verdammt
daoine - Menschen
dara - zweite
dara hainm - Mittelname

dáta - Datum
Dé Luain - Montag
Dé Sathairn - Samstag
deabhadh - raste
deacair, cruaigh, díon - schwierig
déan - machen; tun
déantóir - hier Maschine (Kaffee-
maschine)
dearadh - Design
dearg - rot
dearmad - vergessen
deartháir - Bruder
deas - nett
deich - zehn
deichiú - zehnte
deirfiúr - Schwester
d'eitil ó - flogen weg
d'fhan - wartete
d'fhéach - schaute
d'fhéadadh - konnte
d'fhoghlaim faoi - lernte über
d'fhreagair - antwortete
dhá bhabhta - zweimal
dhéan - machte
difriúil - verschieden
díluchtaigh - abladen
d'imigh - ging weg
díol - verkaufen
díon - Dach
díreach - nur
diúltaigh - ablehnen
dlúthdhiosca - CD
do - dein; für
dó - zwei
dó dhéag - zwölf
dóchas - Hoffnung
dochtúir - Arzt
d'oibrigh - arbeitete
doirt - schütten
domhan - Welt
dona, olc - schlecht
doras - Tür

dorcha - Dunkeln
dormanna - Wohnheim
d'oscail - öffnete
droichead - Brücke
droim - zurück
dubh - schwarz
duine - Mensch; Person
duine ar dhuine - einer nach dem
anderen
duine daoibh - einer von euch
duine éigin - jemand
dúirt - sagte
dúisigh, gabh suas - steh auf
dul ann ar rothar - mit dem Fahr-
rad fahren
dul i bhfolach agus aimsigh - Ver-
steckspiel
dúnmharfóir - Killer
dúnta - geschlossen
DVD - DVD
é - ihn, ihm
é seo - dieser
é sin - das (Konj)
é/í - es
eachtra - Abenteuer
éadaí - Kleider
eagarthóir - Herausgeber
eagla - ängstlich
ealaín - Kunst
ealaíontóir - Künstler
éan - Vogel
eile - andere
eireaball - Schwanz
éist - hören
éist go cúramach - genau zuhören
éistim le ceol - ich höre Musik
eitleán - Flugzeug
eochar - Schlüssel
eolas - Informationen
fada - lang; weit
fadhb - Problem
fág - lassen

faic - nichts
faidh (briathar) - werden
faigh - bekommen; finden
fáinne - klingeln
fan - bleiben; warten
faoi / faoin - unter
farraige - Meer
fáth - Grund
féach - schauen
féach timpeall - umsehen
fear - Mann
fearg - verärgert
feic - sehen
féidearthach - möglich
féidearthacht - Möglichkeit
féin - eigen
feirm - Bauernhof
feirmeoir - Landwirt
fiche - zwanzig
fiche a haon - einundzwanzig
fiche cúig - fünfundzwanzig
fíor - wirkliche
fir - Männer
fireann - männlich
físchaiséad - Videokassette
fliuch - nass
focail - Wörter
focal - Wort
foghlaim - lernen
fógra - Anzeige, Werbung; Inserat
foireann - Mannschaft
foirm - Formular
folamh - leer
fón - Telefon
forbairt - entwickeln
fós - noch
fostaitheoir - Arbeitgeber
francach - Ratte
frása - Phrase
freagra - antworten
freastalaí siopa - Verkäufer
fuacht - Kälte

fuair - fand
fuar - kalt
fuinneamh - Energie
fuinneog - Fenster
fuinneoga - Fenster
gabh anuas - aussteigen
gabh le - begleiten
Gabh mo leithscéal - Entschuldi-
gen Sie bitte.
gach - alle; jeder
gach aon duine - alle
gach rud - alles
gadaí - Dieb; Räuber
gadaíocht - Raubüberfall
gaineamh - Sand
gáirdín - Garten
gáire - lachen
gan - ohne
gan aithne - bewusstlos
gan dabht - ohne Zweifel
gan focal - ohne ein Wort
gaoth - Wind
gar - nah; Nähe
gar, in aice, an chéad am eile - in
der Nähe, neben
gás - Gas
géag - Arm
Gearmánach - Deutsch
gearr - kurz
ghlan - gesäubert
ghlaoigh - klingelte
glais lámh - Handschellen
glan - putzen, waschen; sauber
glantóir - Waschmaschine
glaoch - Anruf; telephonieren
glaoch a chuir - anrufen
glaoigh ar an bhfón - am Telefon
anrufen
glas - grün
gléas - gekleidet
gléas freagartha - Anrufbeant-
worter

glic - schlau
gloine - Glas
gnách - gewöhnlich
gnáth - gewöhnlich
gneas - Geschlecht
gnó - Agentur, Vermittlung
gnólacht - Firma
gnólachtaí - Firmen
go ciúin - hier langsam
go cúramach - sorgfältig
go dtí - bis
go feargach - wütend
go háirithe - besonders
go léir - alle
go leor - ganz, ziemlich
go leor, an-chuid, scata - viel,
viele
go luath - bald
go maith - gut
go mall - langsam
go minic - häufig
go raibh maith - danken
go rúnda - heimlich
go tobann - plötzlich
goid - stehlen
goidithe - gestohlen
gol - weinen, schreien
gorm - blau
gort - Feld
grá - lieben
gráin, fuath - hassen
greannmhar - lustig
greim - beißen
grianghraf - Foto
gruaig - Haar
gunna - Waffe
guth - Stimme
haileo - Hallo
hata - Hut
Hey! - Hey!
i - in
i bhfolach - verstecken

i gcoinne - gegen
i gcónaí - immer
iad seo, iad siúd - diese, jene
idir - zwischen
idir an dá linn - inzwischen
ím - Butter
imigh - weggehen
imir - spielen
imirt - spielen
imithe - ging
imní - sich einen Kopf machen
in aghaidh na huaire - pro Stunde
in aice - schliessen
in ionad - anstatt, stattdessen
in ionad tusa - statt dir
ina (h)aonar - individuell
iníon - Tochter
Inion ní - Fräulein
inné - gestern
inneall - Motor
innealtóir - Ingenieur
inniu - heute
íoc, díol - zahlen
íoctha - bezahlt
iompair - Transport
iontach - wunderbar
iontas - Überraschung
iontas a chuir - überraschen
iontas ar - überrascht
iriseoir - Journalist
irisleabhar - Zeitschrift
is fearr - Lieblings-
is féidir - kann
is giorre - nächste
is maith - mögen
is mise le meas - Hochachtungs-
voll
isteach - hinein
istigh - hinein
ith - essen
jab - Arbeit
lá - Tag

labhair - sprechen
láidir, go láidir - stark
láidreacht - Kraft
laistiar - hinter
láithreach - sofort
lámhach - schoss
lán - voll
lár - Zentrum
lárionad siopadóireachta - Ein-
kaufszentrum
lárnach - zentral
las, cas ar siúl - schaltete ein
lasmuigh - draußen
le - mit
le chéile - zusammen
le do thoil - bitte
leaba - Bett
leabhair le David - Davids Buch
leabhair nótaí - Notizbücher
leabhar - Buch
leabhar nótaí - Notizbuch
leabhragán - Bücherschrank
leadránach - monotone
léamh - Lesen
lean ar aghaidh - fortsetzen
leanaí - Kinder
leanaigh ar aghaidh ag féachaint -
schaute weiter
leanbh - Kind
leanúnach - beständige
leapacha - Betten
léasar - Laser
leath - halb
leathan, go leathan - breit, weit
leatromach - gerecht
leictreach - elektrisch
léigh - lesen
léim - springen
leithreas - Toilette
leithscéal - entschuldigen Sie
leon - Löwe
liachta - medizinisch

liath - grau
lig - lassen
lig dúinn - lassen wir uns
lig ort - vorgeben
líofacht - fließend
líon suas - auffüllen
liosta - Liste
litir - Brief
loch - See
luas - Geschwindigkeit
luasathóir - Raser
lucht féachana - Publikum
má - wenn
mac - Sohn
madra - Hund
maidin - Morgen
mair - wohnen
mair, tóg - dauern, nehmen (Zeit)
maireachtaint - wohnhaft
maith, grá - gefallen, lieben
mála - Tasche
mam, máthair - Mama, Mutter
maoiniú - finanzieren
mapa - Karte
mar - da, weil
mar an gcéanna - das Gleiche
mar is gnáth - normalerweise,
meistens
mar shampla - zum Beispiel
mar sin - so, deshalb
mar, ó - weil, da
marfach - tödlich
máthair - Mutter
méadar - Meter
meangadh - lächeln
meangadh gáire a dhéanamh -
grinsen
mearchlár - Tastatur
measaín - Maschine
meastachán - schätzen, werten
Meiriceá Thuaidh agus an Eoráise
- Nordamerika und Eurasien

Meiriceánach - Amerikaner
mhair - wohnte
mharaigh - tötete
mhol - empfahl
mí-cheart - falsch
micreafón - Mikrofon
míle - Tausend
mílitheach - blass
mínigh - erklären
míol mór - Wal
miongháire a dhéanamh - lä-
chelte
miotal - metall
mír - Menge
mise - mich, mir
mistéir - Geheimnis
mo - mein; meine
módh - Methode
mol - empfehlen
moladh - Empfehlung
moncaí - Affe
mór - groß
mór / níos mó / an ceann is mó -
groß / größer / am größten
múin - unterrichten
múinteoir - Lehrer
muiscít - Stechmücke
ná - als
Ná biodh imní ort! - Keine Sor-
gen!
na codladh - Schlafen
na coscáin a theannadh - zu
bremsen
na Stáit Aontaithe, na SAM - die
Vereinigte Staaten, die USA
nach bhfuil chomh - weniger
nádúr - Natur
naíscoil - Kindergarten
náisiúntacht - Nationalität
naoi - neun
naoú - neunte
ní - nicht

ní cheart, ní chóir - darf nicht
níl - nein
níos faide - weiter
níos fearr - besser
níos giorre - näher
níos mó - größer, mehr
nóiméad - Minute
nóta - Notiz
nua - neu
nuachtán - Zeitung
ó - da, wie; seit (zeitlich); von
ó shin - vor
obair intinne - Kopfarbeit
obair láimhe - Handarbeit
ocht - acht
ochtú - achte
ocras - hungrig
óg - jung
Oh! - Oh!
oibrí - Arbeiter
oíche - Nacht
oideachas - Ausbildung
oifig - Büro
oifigeach - Polizeibeamter
oiriúnach - geeignet
OK, bhuel - okay, gut
ól - Getränk, trinken
ola - Öl
ollmhargadh - Supermarkt
ollscoil - Uni
ón - weg
óráid - Rede
ord - befehlen
ós árd - laut
oscailte - offen
óstach - Gastgeber
óstáin - Hotels
óstán - Hotel
pá - zahlen
páipéar - Papier
páirc - Park, Feld
páirceanna - Parks, Felder

páirt - Teil
páirt a ghlacadh - teilnehmen
paraisiút - Fallschirm
paraisiútóir - Fallschirmspringer
patról - Streife
peann - Stift
pearsanta - hier Mitarbeiter
peata - Haustier
phasáil - bestanden
phioc - wählte
pictiúr - Bild
pinn - Stifte
pioc - wählen
piollaire - Pille
píolóta - Pilot
píosa - here Entwurf
piscín - Kätzchen
pitseáil - schaukeln
plainéad - Planet
pláta - Teller
plean - planen, vorhaben
póca - Tasche
póg - küssen
póilíní - Polizei
pointeáil - richtete
praghas - Preis
proifisiún - Beruf
puiscín - Katze
rá, abair - sagen
radar - Radar
raidió - Funkgerät
rang - Klasse
rannpháirtí - Teilnehmer
réalt - Stern
réiltín - Sternchen
réimse - Bereich
réiteach, freagra - Lösung, Ant-
wort
reo - erstarren
riail - Regel
riamh - nie
ricochet - zurück abprallen

rince - tanzen
ríocht - Stelle
riomhaire - Rechner
riomhchláraitheoir - Program-
mierer
ríomhphost - E-Mail
rith - laufen
rith ó - weglaufen
robáil - Raubüberfall
roimh - vor
roinn pearsanra - Personalabtei-
lung
roinnt - etwas, einige
roth - Rad
rothanna chun tosaigh -
Vorderräder
rothar - Fahrrad
rothar spóirt - Sportfahrrad
rubar - Gummi
rud - Sache
rud éigin - etwas
rúibric - rubrik
rún - Geheimnis
rúnaí - Sekretärin
sábháil - retten
sábhálta - Tresor
saghas, cinéal - Typ, Art
sáigh - drücken
sáirsint - Sergeant
salach - schmutzig
SAM - Vereinigte Staaten von
Amerika
sampla - Beispiel
saol - Leben
saor - frei
saoraigh - freisetzen
sás láimhe fón - Telefonhörer
sásta - zufrieden
scannán - Film
scannán is fearr - Lieblingsfilm
scaoilte - verlieren
scaoll - Panik

scap - übergreifen
scéal - Geschichte
scil - Fähigkeit
scipead cláraithe - Kasse
scoil - Schule
sconna - Wasserhahn
scribhneoir - Schriftsteller
scríobh - schreiben
scrios - zerstören
scrúdú - Prüfung
scrúdú a chuir ar - zu prüfen
scrúdú a phasáil - einen Prüfung
bestehen
sé - er; sechs
sea - ja
séabra - Zebra
seacht - sieben
seacht déag - siebzehn
seachtain - Woche
seachtú - siebte
seaicéad - Jacke
seans - Chance
searmanas - Feier
seas - stehen
seasca - sechzig
séasúr - Saison
seiceáil - prüfen
seinnteoir dlúthdhioscaí - CD-
Player
seirbheáil - bedienen
seirbhís tarrthála - Rettungs-
dienst
seirbhíseach - Bediensteter
seó aeir - Flugschau
seoladh - Anschrift
seolta - sendete
seomra - Zimmer
seomra folctha / leithreas - Bad;
Badewanne
seomra ranga - Klassenzimmer
seomraí - Zimmer (pl)
séú - sechste

shroich, bain amach - kam an
sí - sie (sng)
siad - sie
símplí - einfach
sin - das; dass
singil - ledig
sinne - uns; wir
sinsear - ältere
síol - Samen
siopa - Laden
siopa físeáin - Videothek
siopaí - Läden
síos - nieder
siúil - gehen, spazieren
siúl - Laufen; zu fuß gehen
sláinte - Gesundheit
slán - auf Wiedersehen; Tschüss
sleamhain, gl sleamhnach -
schlau
slí - Weg
slog - verschlucken
smacht, rial - kontrollieren
smaoineamh - denken; Idee
smaoinigh - denken
snámh - schwimmen
sneaic - Imbiss
soghluaiste - Handy
sonas - Glück
spáinnéar - Spaniel
Spáinnish - Spanisch
spás - Weltraum
spásárthach - Raumschiff
spórt - Sport
spraoi - Spaß
sráid - Straße
sráidbhaile - Dorf
sráideanna - Straßen
sraithchlár - Serie
srl. - usw.
srón - Nase
sruth - Fluss; Strom
stad - beendeten

stádas - Stand
staidéar - studieren, lernen
staighre - Treppe
stáisiún traenach - Bahnhof
stiúir - lenken
stop - anhalten
stuáilte - ausgestopft
suigh - sitzen
suigh síos - sich hinsetzen
súil - Auge
súile - Augen
suimiúil - interessant
suíochán - Sitz
suíomh idirlíne - Internet-Seite
tábhachtach - wichtig
tabhair - bringen; geben
tabhair an bóthar do - feuern
tacsaí - Taxi
tafann - bellte
taibhreamh - Traum
taibreamh - träumen
taibreamh a bheith agat - träu-
men
taifead - aufzeichnen; Aufzeich-
nung
táim - ich bin
táirg - produzieren
taispeáin - zeigen
taisteal - Reisen
taithí - Erfahrung
talamh - Land
tancaer - Tanker
tapaigh, go tapaigh - schnell
tar / imigh - kommen, gehen
tar éis - nach; vorbei
tar éis é sin - danach
tárlaigh - passieren
tarraing - ziehen
tarrtháil - retten
tasc - Aufgabe
té - Tee
teach - Haus

téacs - Text
téacsleabhar - Lehrbuch
téamh suas - erwärmen
teanga - Sprache
teanga dhúchais - Muttersprache
téigh - gehen
téigh i gcomhairle - beraten
teilifís - Fernsehen
teilifíseán - Fernseher
téir, imigh - gehen
teorainn - Grenze
tháining - kam
thaispeáin - zeigte
thar, trasna - über, hinüber
thárla - passiert
theannaigh - trat
theastaigh - wollten
thiomáin - fuhr
thit - fiel
thóg - nahm
thógadh - genommen
thosnaigh - begann; fuhr los
thriail - versuchte
thug - gab
thugadh cuairt ar - besuchte
thuig - verstanden
ticéad - Fahrkarte
timpeall - rund; über
timpiste - Unfall
tine - Feuer
tiogar - Tiger
tiomáin - fahren
tiománaí - Fahrer
tiománaí tacsaí - Taxifahrer
tír - Land
tirim - trocken
tit - fallen
tithe - gefallen
tocht - Matratze
todhchaí - Zukunft

tóg - nehmen
tonn - Welle
toraíocht - Verfolgung
tosach - vorne, beginnen
tosnaigh - beginnen, anfangen
traein - Zug
traenáil - trainieren
tráth - Moment
tráthnóna - Abend
tréidlia - Tierarzt
treo - hier (Richtung)
trí - drei
triail - versuchen
tríd - durch
trína chéile - verwirrt
tríocha - dreißig
tríú - dritte
troscán - Möbel
trucail - LKW
tuairisceoir - Reporter
tuairiscigh - Bericht
tuig - verstehen
tuill - verdienen
tuirseach - müde
tuismitheoir - Eltern
tusa - Sie
uachtar reoite - Eis
uair - einmal; Stunde
uaireadóir - Armbanduhr
uaireanta - manchmal
ualach - laden; Ladung
Uasal, an tUasal - Herr, Hr.
uimhir - Nummer
úinéir - Eigentümer
uisce - Wasser
ullamh - bereit
ullmhaigh - vorbereiten
urlár - Boden
úsáid - verwenden
zú - Zoo

Wörterbuch Deutsch-Irisch

Abend - tráthnóna
Abenteuer - eachtra
aber - ach
abladen - díluchtaigh
ablehnen - diúltaigh
acht - ocht
achte - ochtú
achten auf - aird a thabhairt do
Affe - moncaí
Agentur, Vermittlung - gnó
Alarm - aláram
alle - gach; gach aon duine; go léir
alles - aon rud; gach rud
als - ná
Alter - aois
ältere - sinsear
am Telefon anrufen - glaoigh ar an bhfón
Amerikaner - Meiriceánach
an, auf - ar
andere - eile
ändern - athraigh
anfangs - ar dtús
ängstlich - eagla
anhalten - stop
ankommen - bain amach
anmachen - cas ar siúl
Anruf - glaoch
Anrufbeantworter - gléas freagartha
anrufen - glaoch a chuir
anschnallen - ceangail
Anschrift - seoladh
anstatt - in ionad
antworten - freagra
antwortete - d'fhreagair
Anzeige, Werbung - fógra
anziehen - a chur ort
Apotheke - cógaslann
Arbeit - jab
arbeiten - ag obair

Arbeiter - oibrí
arbeitete - d'oibrigh
Arbeitgeber - fostaitheoir
ärgern - bac
Arm - bocht; géag
Armbanduhr - uaireadóir
Arzt - dochtúir
Aspirin - aspirin
auch - chomh maith
auf Wiedersehen - slán
auffüllen - líon suas
Aufgabe - tasc
Aufmerksamkeit - aird
aufzeichnen; Aufzeichnung - taifead
Aufzug - ardaitheoir
Auge - súil
Augen - súile
Ausbildung - oideachas
ausgestopft - stuáilte
ausschalten - cas amach
außer Betrieb - as ord
Außerirdische - comhthíoch
aussteigen - gabh anuas
Bad; Badewanne - seomra folctha / leithreas
Badezimmertisch - bord leithris
Bahnhof - stáisiún traenach
bald - go luath
Bank - banc; binse
Bauernhof - feirm
bedauern - a bheith brónach
bedienen - seirbheáil
Bediensteter - seirbhíseach
beenden - críoch
beendet - críochnaithe
beendeten - stad
befehlen - ord
Begabung - bronntanas
begann - thosnaigh
beginnen, anfangen - tosnaigh

begleiten - gabh le
begleitet - gabh le
bei, in - ag
Bein - cos
Beispiel - sampla
beißen - greim
beitreten - cláraigh
bekommen - faigh
bellte - tafann
beraten - téigh i gcomhairle
Berater - comhairleach
Beratung - comhairleacht
Bereich - réimse
bereit - ullamh
bereits - cheana féin
Bericht - tuairiscigh
Beruf - proifisiún
besonders - go háirithe
besser - níos fearr
bestanden - phasáil
beständige - leanúnach
besuchte - thugadh cuairt ar
Bett - leaba
Betten - leapacha
bewegten - bhog
bewusstlos - gan aithne
bezahlt - íoctha
Bild - pictiúr
bis - go dtí
bitte - le do thoil
blass - mílitheach
blau - gorm
bleiben - fan
Blume - bláth
Boden - urlár
brauchen, wollen - ag teastáil
breit, weit - leathan, go leathan
Bremse - coscán
Brief - litir
bringen - tabhair
Brot - arán
Brücke - droichead

Bruder - deartháir
Buch - leabhar
Bücherschrank - leabhragán
Büro - oifig
Bus - bus
Butter - ím
Cafe - caife
CD - dlúthdhiosca
CD-Player - seinnteoir dlúthdhi-
oscaí
Chance - seans
Chemikalien - ceimicí
chemisch, Chemie - ceimic
da - mar; ó
Dach - díon
danach - tar éis é sin
danken - go raibh maith
dann - ansin
darf nicht - ní cheart, ní chóir
das - sin
das (Konj) - é sin
das Gleiche - mar an gcéanna
dass - sin
Datum - dáta
dauern, nehmen (Zeit) - mair, tóg
Davids Buch - leabhair le David
dein - do
denken - smaoineamh; smaoinigh
Design - dearadh
Deutsch - Gearmánach
Dieb - gadaí
diese, jene - iad seo, iad siúd
dieser - é seo
dieses Zeug - an stuif seo
Dorf - sráidbhaile
dort - ansin
draußen - lasmuigh
drehen - cas
drehte - chas
drei - trí
dreißig - tríocha
dritte - tríú

drücken - bruigh; sáigh
dumm - amaideach
Dunkeln - dorcha
durch - tríd
DVD - DVD
eigen - féin
Eigentümer - úinéir
Eimer - buicéad
ein - aon
ein Blatt (Papier) - bileog
ein weiterer - ceann eile
einer nach dem anderen - duine ar dhuine
einer von euch - duine daoibh
einfach - símplí
einige - cuid; roinnt
Einkaufszentrum - lárionad si-opadóireachta
einmal - uair
einundzwanzig - fiche a haon
einverstanden - aontaigh
Eis - uachtar reoite
elektrisch - leictreach
elf - aon-dhéag
Eltern - tuismitheoir
E-Mail - ríomhphost
empfahl - mhol
empfehlen - a mholadh; mol
Empfehlung - moladh
endlich - ar deireadh
Energie - fuinneamh
entlang - ar feadh
Entschuldigen Sie bitte - Gabh mo leithscéal
entweder, auch - aon cheann, chomh maith, chomh maith
entwickeln - forbairt
er - sé
Erde - an Domhan
Erfahrung - taithí
erinnerte sich - cuimhnigh
erklären - mínigh

ernst - dáiríre
erstarren - reo
erwärmen - téamh suas
es - é/í
essen - ith
etwas - rud éigin
fähig - b'fhéidir
Fähigkeit - scil
fahren - tiomáin
Fahrer - tiománaí
Fahrkarte - ticéad
Fahrrad - rothar
fallen - tit
fallende - ag titim
Fallschirm - paraisiút
Fallschirmspringer - paraisiútóir
falsch - mí-cheart
Familie - clann
fand - fuair
fangen - breith
Feier - searmanas
fein - breá
Feld - gort
Fenster - fuinneog
Fenster (Pl) - fuinneoga
Fernsehen - teilifís
Fernseher - teilifíseán
Feuer - tine
feuern - tabhair an bóthar do
fiel - thit
Film - scannán
finanzieren - maoiniú
finden - faigh
Firma - gnólacht
Firmen - gnólachtaí
fließend - líofacht
flogen weg - d'eitil ó
Flugschau - seó aeir
Flugzeug - eitleán
Fluss - sruth
Formular - foirm
fortsetzen - lean ar aghaidh

Fortsetzung folgt - a bheith ar leanúint
Foto - grianghraf
Fragebogen - ceistneoir
fragen - cuir ceist, fiafraigh, iarr
fragte - chuir sé/sí ceist ar
Frau - bean
Fräulein - Inion ní
frei - saor
freisetzen - saoraigh
Freizeit - am saor
fremd - aisteach
Freund - buachaill; cara
Freundin - cailín
freundlich - cairdiúil
Frühstück - bricfeasta
frühstücken - bricfeasta a bheith agat
fuhr - thiomáin
fuhr los - thosnaigh
Führer - ceannaire
Führerschein - ceadúnas tiománaí
fünf - cúig
fünfte - cúigiú
fünfundzwanzig - fiche cúig
fünfzehn - cúig déag
Funkgerät - raidió
für - do
Fuß - cos
füttern - cothú
gab - thug
ganz, ziemlich - go leor
Garten - gáirdín
Gas - gás
Gast - aoi
Gastfamilie - an clann óstaigh
Gastgeber - óstach
geben - tabhair
geeignet - oiriúnach
gefallen, lieben - maith, grá, tithe
Gefühl - braistint, braith

gegen - i gcoinne
Geheimnis - mistéir; rún
gehen - téigh, téir, imigh
gekleidet - gléas
gelb - buí
Geld - airgead
genau zuhören - éist go cúramach
genommen - thógadh
gerecht - leatromach
gesäubert - ghlan
Geschichte - scéal
Geschlecht - gneas
geschlossen - dúnta
Geschwindigkeit - luas
Gesicht - aghaidh
gestern - inné
gestohlen - goidithe
Gesundheit - sláinte
Getränk, trinken - ól
gewöhnlich - gnách; gnáth
ging - imithe
ging weg - d'imigh
Glas - gloine
glauben - creid
gleichzeitig - ag an am céanna
Glück - sonas
grau - liath
Grenze - teorainn
grinsen - meangadh gáire a dhéanamh
groß - mór
groß / größer / am größten - mór / níos mó / an ceann is mó
größer - níos mó
grün - glas
Grund - fáth
Gummi - rubar
gut - go maith
Haar - gruaig
haben - ag, aige', aici
halb - leath
hallo - haileo

Handarbeit - obair láimhe
Handschellen - glais lámh
Handy - soghluaiste
hart - cruaigh, díon, deacair
hassen - gráin, fuath
hatte - bhí
häufig - go minic
Haus - teach
Hausaufgaben - ceachtanna
Haustier - peata
Heim - baile
heimlich - go rúnda
Helfer - cuiditheoir
Herausgeber - eagarthóir
here Entwurf - píosa
Herr, Hr. - Uasal, an tUasal
heulende - ag glamadh
heute - inniu
Hey! - Hey!
hier (Ort) - anseo
hier (Richtung) - treo
hier führen - ag rith
hier gesund pflegen - aths-
hlánaigh
hier ist - anseo tá
hier langsam - go ciúin
hier Maschine (Kaffeemaschine) -
déantóir
hier Mitarbeiter - pearsanta
hier treiben - ag snámháil
Hilfe - cabhair
hinein - isteach; istigh
hinter - laistiar
hoch - árd
Hochachtungsvoll - is mise le
meas
Hof - clós
Hoffnung - dóchas
hören - éist
hörte - chuala
Hose - brístí
Hotel - óstán

Hotels - óstáin
Hund - madra
hundert - céad
hungrig - ocras
Hut - hata
ich bin - táim
ich höre Musik - éistim le ceol
Idee - smaoineamh
ihn, ihm - é
ihr - a
Imbiss - sneaic
immer - i gcónaí
in - i
in der Nähe, neben - gar, in aice,
an chéad am eile
individuell - ina (h)aonar
Informationen - eolas
informieren - cuir in iúl do
informiert - ar an eolas
Ingenieur - innealtóir
Inserat - fógra
interessant - suimiúil
Internet-Seite - suíomh idirlíne
inzwischen - idir an dá linn
ja - sea
Jacke - seaicéad
Jahr - bliain
jeder - aon; gach
jemand - duine éigin
jetzt - anois
Journalist - iriseoir
jung - óg
Junge - buachaill
Kabel - cábla
Kaffee - caife
kalt - fuar
Kälte - fuacht
kam - tháining
kam an - shroich, bain amach
Kanada - Ceanada
Kanadier - Ceanadach
Känguru - cangarú

kann - is féidir
Kapitän - captaen
Karte - mapa
Kasse - scipead cláraithe
Kasse, Bargeld - airgead
Kätzchen - piscín
Katze - cat; puiscín
kaufen - ceannaigh
Keine Sorgen! - Ná biodh imní ort!
kennen - bí ar an eolas faoi
Kessel - citeal
Killer - dúnmharfóir
Kilometer - ciliméadar
Kind - leanbh
Kinder - leanaí
Kindergarten - naíscoil
Kiste - bosca
Klasse - rang
Klassenzimmer - seomra ranga
Kleider - éadaí
klein - beag
klingeln - fáinne
klingelte - ghlaoigh
Knopf - cnaipe
Kochen - cócaireacht
Kocher - cócaireán
Kollege - comhghleacaí oibre
kommen, gehen - tar / imigh
konnte - d'fhéadadh
kontrollieren - smacht, rial
Koordination - comhordú
Kopfarbeit - obair intinne
kosten - costas
Kraft - láidreacht
kreativ - cruthaitheach
Krieg - cogadh
kriminell - coiriúil
Kristall - criostal
Krug - crúsca
Küche - cistin
Kunde - custaiméir

Kunst - ealaín
Künstler - ealaíontóir
Kurs - cúrsa
kurz - gearr
küssen - póg
Küste - cladach
lächeln - meangadh
lächelte - miongháire a dhéanamh
lachen - gáire
Laden - siopa
Läden - siopaí
laden - ualach
Ladung - ualach
Land - talamh; tír
Landwirt - feirmeoir
lang - fada
langsam - go mall
Laser - léasar
lassen - fág; lig
lassen wir uns - lig dúinn
laufen - rith
Laufen - siúl
laut - ós árd
Leben - saol
Lebensmittel - bia
lecker - blasta
ledig - singil
leer - bánán, folamh
Lehrbuch - téacsleabhar
Lehrer - múinteoir
leicht - beagán
Lektion - ceacht
lenken - stiúir
Lernen - ag foghlaim
lernen - foghlaim
lernte über - d'fhoghlaim faoi
Lesen - léamh
lesen - léigh
liebe - a
lieben - grá
Lieblings- - is fearr

Lieblingsfilm - scannán is fearr
liebte - bhí grá
links - clé
Liste - liosta
LKW - trucail
Lösung, Antwort - réiteach, frea-
gra
Löwe - leon
Luft - aer
lustig - greannmhar
machen - déan
machte - dhéan
Mädchen - cailín
Mama, Mutter - mam, máthair
manchmal - uaireanta
Mann - fear
Männer - fir
männlich - fireann
Mannschaft - foireann
Maschine - measaín
Matratze - tocht
medizinisch - liachta
Meer - farraige
mehr - níos mó
mein - mo
meine - mo
Menge - mír
Mensch - duine
Menschen - daoine
metall - miotal
Meter - méadar
Methode - módh
mich, mir - mise
Mikrofon - micreafón
Milliarde - billiún
Minute - nóiméad
mit - le
mit dem Fahrrad fahren - dul ann
ar rothar
Mitglied - ball
Mittelname - dara hainm
Möbel - troscán

mögen - is maith
möglich - féidearthach
Möglichkeit - féidearthacht
Moment - tráth
monotone - leadránach
Montag - Dé Luain
morgen - amárach
Morgen - maidin
Motor - inneall
müde - tuirseach
Musik - ceol
muss - ba cheart, ba chóir
Mutter - máthair
Muttersprache - teanga dhúchais
nach - tar éis
Nachbar - comharsa
nächste - is giorre
Nacht - oíche
nah - gar
Nähe - gar
näher - níos giorre
nahm - thóg
Name - ainm
Nase - srón
nass - fliuch
Nationalität - náisiúntacht
Natur - nádúr
nehmen - tóg
nein - níl
nett - deas
neu - nua
neun - naoi
neunte - naoú
nicht - ní
nichts - faic
nie - riamh
nieder - síos
niemand - aon duine
noch - fós
noch einer - ceann amháin eile
nochmal, wieder - arís

Nordamerika und Eurasien - Meiriceá Thuaidh agus an Eoráise
normalerweise, meistens - mar is gnáth
Notiz - nóta
Notizbuch - leabhar nótaí
Notizbücher - leabhair nótaí
Nummer - uimhir
nur - díreach
obwohl - cé go
offen - oscailte
öffnete - d'oscail
Oh! - Oh!
ohne - gan
ohne ein Wort - gan focal
ohne Zweifel - gan dabht
Ohr - cluas
OK, gut - OK, bhuel
okay, gut - OK, bhuel
Öl - ola
Panik - scaoll
Papa, Vati - Daidí
Papier - páipéar
Park, Feld - páirc
Parks, Felder - páirceanna
passieren - tárlaigh
passiert - thárla
Pause - briseadh, sos
Person - duine
Personalabteilung - roinn pearsanra
Phrase - frása
Piepton - bíp
Pille - piollaire
Pilot - píolóta
planen, vorhaben - plean
Planet - plainéad
Platz - áit; cearnóg
plötzlich - go tobann
Polen - an Pholainn
Polizei - póilíní
Polizeibeamter - oifigeach

Preis - praghas
pro Stunde - in aghaidh na huaire
Problem - fadhb
produzieren - táirg
Programm - clár
Programmierer - riomhchláraitheoir
prüfen - seiceáil
Prüfung - scrúdú
Prüfung bestehen - scrúdú a phasáil
Publikum - lucht féachana
Puppe - babóg, dollaí
putzen, waschen - glan
Rad - roth
Radar - radar
Raser - luasathóir
raste - deabhadh
Ratte - francach
Räuber - gadaí
Raubüberfall - gadaíocht; robáil
Raumschiff - spásárthach
Rechner - riomhaire
rechts - ar dheis
Rede - óráid
Regel - riail
Regen - báisteach
Rehabilitation - athshlánú
reiben - cuimil
Reisen - taisteal
Reporter - tuairisceoir
retten - sábháil; tarrtháil
Rettungsdienst - seirbhís tarrthála
Rettungstrick - cleas a shábháladh saol
richtete - pointeáil
richtig - ceart, i gceart
rief - bhéic
rot - dearg
rubrik - rúibric
rund - timpeall

Sache - rud
sagen - rá, abair
sagte - dúirt
sah - chonaic
Saison - séasúr
Samen - síol
Samstag - Dé Sathairn
Sand - gaineamh
Sandwich - ceapaire
sauber - glan
schaltete ein - las, cas ar siúl
schätzen - meastachán
schauen - féach
schaukeln - pitseáil
schaute - d'fhéach
schaute weiter - leanaigh ar ag-
haidh ag féachaint
Schiff - bád
schlafen - codladh
Schlafen - na codladh
schlagen - buail
schlau - cliste; glic; sleamhain
schlecht - dona, olc
schliessen - in aice
Schlüssel - eochar
schmutzig - salach
schnell - tapaigh, go tapaigh
schön - álainn
schoss - lámhach
schreiben - scríobh
schrieb - scríobh
Schriftsteller - scribhneoir
Schritt - céim
Schule - scoil
schütten - doirt
schützen - cosain
Schwanz - eireaball
schwarz - dubh
Schwester - deirfiúr
schwierig - deacair, cruaigh, díon
schwimmen - ag snámháil;
snámh

sechs - sé
sechste - séú
sechzig - seasca
See - loch
sehen - feic
sehr - an-
sein - bí
sein, seine - a
seine - a
seit (zeitlich) - ó
Sekretärin - rúnaí
selten - annamh
sendete - seolta
Sergeant - sáirsint
Serie - sraithchlár
sich bewerben - cuir isteach ar
sich einen Kopf machen - imní
sich hinsetzen - suigh síos
sich kennen - aithníonn siad a
chéile
sich kümmern - aire
sich schämen - a bheith náirithe
sicher - cinnte
Sicherheitsgurte - crios tarrthála
sie - siad
Sie - tusa
sie (sng) - sí
sieben - seacht
siebte - seachtú
siebzehn - seacht déag
singen - can
Sirene - bonnán
Situation - cás
Sitz - suíochán
sitzen - suigh
so, deshalb - mar sin
so oft wie möglich - chomh minic
is gur féidir
sofort - láithreach
Sohn - mac
sorgfältig - go cúramach
Spaniel - spáinnéar

Spanisch - Spáinnish
Spaß - spraoi
Spaß haben - bain taitneamh as
spazieren - siúil
spielen - imir; imirt
Spielzeug - bréagán
Sport - spórt
Sportfahrrad - rothar spóirt
Sprache - teanga
sprechen - caint; labhair
springen - léim
Stadt - baile; cathair
Stand - stádas
Standard - caighdeán
starb - bhás
stark - láidir, go láidir
statt dir - in ionad tusa
stattdessen - in ionad
Stechmücke - muiscít
steh auf - dúisigh, gabh suas
stehen - seas
stehlen - goid
Stein - cloch
Stelle - ríocht
sterben - básaigh
Stern - réalt
Sternchen - réiltín
Stift - peann
Stifte - pinn
still - ciúin, go ciúin
Stimme - guth
stinkend - boladh dona
Straße - bóthar; sráid
Straßen - sráideanna
Streife - patról
Strom - sruth
Student - dalta
Studenten - daltaí
studieren, lernen - staidéar
Stuhl - cathaoir
Stunde - uair
Super - ar fheabhas

Supermarkt - ollmhargadh
Tag - lá
Tanker - tancaer
tanzen - ag damhsa; rince
tanzte - damhsaigh
Tasche - mála; póca
Tasse - cupa
Tastatur - mearchlár
Tausend - míle
Taxi - tacsaí
Taxifahrer - tiománaí tacsaí
Tee - té
Teil - páirt
teilnehmen - páirt a ghlacadh
Teilnehmer - rannpháirtí
Telefon - fón
Telefonhörer - sás láimhe fón
telephonierte - glaoch
Teller - pláta
Text - téacs
Tier - ainmhí
Tierarzt - tréidlia
Tiger - tiogar
Tisch - bord
Tische - boird
Tochter - iníon
tödlich - marfach
Toilette - leithreas
tötete - mharaigh
traf - bhuail
trainieren - traenáil
Transport - iompair
trat - theannaigh
Traum - taibhreamh
träumen - taibreamh; taibreamh
a bheith agat
traurig - brón
treffen - buail
Treppe - staighre
Tresor - sábhálta
Trick - cleas
trocken - tirim

Tschüss - slán
tun - déan
Tür - doras
Typ, Art - saghas, cinéal
über - thar; timpeall
übergreifen - scap
überraschen - iontas a chuir
überrascht - iontas ar
Überraschung - iontas
Übersetzer - aistritheoir
übrigens - dála an scéil
Ufer - cladach
Uhr - a chlog
um ein Uhr - ag a haon a chlog
um halb neun - ag leath uair tar
éis a hocht
umsehen - féach timpeall
und - agus
Unfall - timpiste
Uni - ollscoil
uns - sinne
unser - ár
unter - faoi / faoin
Unternehmen - comhlacht
unterrichten - múin
unterstreichen - cuir líne faoi
usw. - srl.
Vater - athair
verärgert - fearg
verbringen - caith
verdammt - damnaigh
verdienen - tuill
Verein - club
Vereinbarung - aontú
Vereinigte Staaten von Amerika -
SAM
Vereinigten Staaten, die USA - na
Stáit Aontaithe, na SAM
Verfolgung - toraíocht
vergessen - dearmad
verkaufen - díol
Verkäufer - freastalaí siopa

Verlag - ag foilsiú
verlieren - scaoilte
verschieden - difriúil
verschlucken - slog
verstanden - thuig
verstecken - i bhfolach
Versteckspiel - dul i bhfolach
agus aimsigh
versteckte - bheith i bhfolach
verstehen - tuig
versuchen - triail
versuchte - thriail
verwenden - úsáid
verwirrt - trína chéile
Videokassette - físchaiséad
Videothek - siopa físeáin
viel Arbeit haben - an-chuid oibre
a bheith agat
viele, viel - go leor, scata, an-
chuid
vier - ceathar
vierte - ceathrú
vierundvierzig - daichead a
ceathar
Vogel - éan
voll - lán
von - ó
vor - ó shin; roimh
vor einem Jahr - bliain ó shin
vorbei - tar éis
vorbereiten - ullmhaigh
Vorderräder - rothanna chun to-
saigh
vorgeben - lig ort
vorne, beginnen - tosach
vorsichtig - cúramach
wackelte - chrith
Waffe - gunna
Wagen - carr
wählen - pioc
wählte - phioc
während - agus é ag

Wal - míol mór
wann - cathain
war - bhí
waren - bhí
warm, erwärmen - bog
warten - fan
Warteschlange - ciú
wartete - d'fhan
was - cad
Was ist da los? - Cad í an fhadhb?
waschen - glan
Waschmaschine - glantóir
Wasser - uisce
Wasserhahn - sconna
weg - ón
Weg - slí
weggehen - imigh
weglaufen - rith ó
weiblich - baineann
weil - mar
weinen, schreien - gol
weiß - bán
weit - fada
weiter - níos faide
welcher - cé acu
Welle - tonn
Welpe - coileáinín
Welt - domhan
Weltraum - spás
wenige - beagán
weniger - nach bhfuil chomh
wenn - má
wer - cé
werden - faidh (briathar)
wertete - meastachán
wessen, dessen - cé
Wettbewerb - comórtas
Wetter - aimsir
wichtig - tábhachtach
wie - conas; ó
Wind - gaoth
wir - sinne

wirklich - an-
wirkliche - fíor
wo - cá
Woche - seachtain
wohnen - mair
wohnhaft - maireachtaint
Wohnheim - dormanna
wohnte - mhair
wollten - theastaigh
Wort - focal
Wörter - focail
wunderbar - iontach
wusste - bhí fhios
wütend - go feargach
zahlen - íoc, díol; pá
Zebra - séabra
zehn - deich
zehnte - deichiú
zeigen - taispeáin
zeigte - thaispeáin
Zeit - am
Zeitschrift - irisleabhar
Zeitung - nuachtán
zentral - lárnach
Zentrum - lár
zerstören - scrios
ziehen - tarraing
Zimmer - seomra
Zimmer (pl) - seomraí
zittern - crith
Zoo - zú
zu bremsen - na coscáin a thean-
nadh
zu Fuß - ar chos
zu fuß gehen - siúl
zu prüfen - scrúdú a chuir ar
zufrieden - sásta
Zug - traein
Zukunft - todhchaí
zum Beispiel - mar shampla
zumindest - ar a laghad
zurück - droim

zurück abprallen - ricochet
zusammen - le chéile
zusammenstellen - cum
zwanzig - fiche
zwei - dó

zweimal - dhá bhabhta
zweite - dara
zwischen - idir
zwölf - dó dhéag

www.ingramcontent.com/pod-product-compliance
Lightning Source LLC
LaVergne TN
LVHW080524210726
843507LV00028B/962